社交电子商务消费者行为研究

SheJiao DianZi ShangWu
XiaoFeiZhe XingWei YanJiu

宋 扬◎著

中国财经出版传媒集团
中国财政经济出版社

图书在版编目（CIP）数据

社交电子商务消费者行为研究/宋扬著.—北京：中国财政经济出版社，2019.1

ISBN 978-7-5095-8774-4

Ⅰ.①社… Ⅱ.①宋… Ⅲ.①电子商务-网络营销-消费者行为论-研究 Ⅳ.①F713.365.2 ②F713.55

中国版本图书馆CIP数据核字（2019）第014167号

责任编辑：王 丽　　　　责任校对：徐艳丽

封面设计：孙俪铭

中国财政经济出版社 出版

URL：http：//www.cfeph.cn

E-mail：cfeph@cfeph.cn

社址：北京市海淀区阜成路甲28号 邮政编码：100142

营销中心电话：010-88191537

北京财经印刷厂印刷 各地新华书店经销

710×1000毫米 16开 10.5印张 150 000字

2019年1月第1版 2019年1月北京第1次印刷

定价：47.00元

ISBN 978-7-5095-8774-4

（图书出现印装问题，本社负责调换）

本社质量投诉电话：010-88190744

打击盗版举报热线：010-88191661 QQ：2242791300

序

自2005年以来，Web2.0概念进入中国，交互性思想深入人心。近几年来，随着电子商务的迅猛发展，电子商务和Web2.0相互结合，使得其进入一个崭新的2.0时代，即社交化电子商务时代。在这种新兴商业模式（即社交电子商务）的大环境下，网络消费者的消费行为也发生着新的变化，促使我们通过各种途径研究消费者的消费行为以及社交电子商务现状，了解社交电子商务消费者消费行为的新变化，包括购买思想、购买途径、影响消费者因素等，为现代社交电子商务的发展提供一份参考。

本书以社交电子商务消费者行为为研究对象，对其总体消费行为、基于微信的消费行为及信任度等方面进行系统研究，以期为国家宏观政策、社交电商平台、社交电商从业者提供一些参考建议。全书共分为七部分，第一部分为导论，提出研究背景和意义，并对相关的理论和概念进行阐述，给出研究框架。第二部分对我国社交电子商务发展进行研究，具体分析了我国社交电子商务目前的发展现状，提出现阶段我国社交电子商务存在的六个方面的问题，即用户隐私易泄露、行业管理体制及法律法规不完善、支付系统安全性欠缺、过度依赖上游、市场容量有限和信息分享过度，最后针对这六个问题，从制定行业自律规则和安全审查测评体系、加强立法和标准规范体系建设、不断进行技术革新、实现良好的差异化竞争、突出口碑传播和意见领袖影响力、大数据和社交电子商务相结合六个方面提出具体对策以解决存在的问题。第三部分为社交电子商务总体消费者行为分析，通过问卷调查法对消费者行为进行研究，发现存在的问题，并给出相应的解决方案。第四部分通过对于基于微信的社交电商的探究分析，分析其现存的问题，提出相应的解决对策，并对微信未来的发展进行展望，推动微信社交电商的良性持续发展。第五部分采用结构方程模型方法，查阅和借鉴以往相关领域的研究文献，构建基于微信朋友圈环境下的消费者购买意愿概念模型，并进行实证分析。第六部分对社交电子商务消费者信任度影响因素进行了研究，通过实证研究找出影响社交电子商务信任度的影响因素，并对结论进行分析。第七部分为结论，提出了本书的研究结论，并有针对性地提出对策建议。

本书是作者及其研究团队对社交电子商务领域进行多年研究的成果。本书的出版要感谢研究团队中潘峰、张继帅、王禹蕃、任宪红、兰梦珍、肖志强、谢雨彤等同仁的大力支持，同时感谢参考文献的所有作者。社交电子商务领域还有很多内容需要进一步研究，作者一定会在学术研究的道路上矢志不渝，争取有更高水平的学术成果问世。

宋扬

2018 年 10 月

目录

目录 Contents

第 1 章
导 论

1.1 问题的提出

在互联网 web1.0 时代，网络媒体的运营主要依靠门户网站和搜索引擎，用户和网站之间没有互动，只是被动地接受网站提供的内容，体现的是“精英文化”。随着 web2.0 时代的到来，用户已经成为互联网内容的创造者，互联网用户从浏览者变成了生产者，体现的是“草根文化”，而且在社交电子商务活动中，用户从单一的购买者变成了推荐者，可以利用 web2.0 提供的工具进行推荐、评论等多方位的活动，自媒体衍生了一种全新的传播生态。

能够承载这一变化的平台恰恰就是社交网络和社交电子商务。web2.0 时代的到来推动了社交电子商务的产生。web2.0 带来的是消费者用户满意度、忠诚度的进一步提升，从而产生更多消费和盈利空间，也催生了一批新兴的商业模式，即社交电子商务。社交电子商务就是社交网络和电子商务的有机结合。近年来，社交化电子商务成为互联网行业内热议的话题。社交电子商务可以有多种表现形式，比如企业利用社交平台（微信、微博等）的流量优势进行网络营销活动，企业在社交平台开设自己的专区，如博客、微博、微信公众号等。

根据相关研究显示，社交网络用户会更多地进行网络购物、浏览视频、阅读新闻等行为，其中对网络购物的促进作用最为明显（比使用社交网络之前增加 38%）。从网购消费者信息获取途径看，中国电子商务研究中心《2016 年中国消费者网络购物消费洞察报告与购物指南》指出，微信、微博等社交媒体在消费者购物信息的获取中扮演了非常重要的角色，并已成为淘宝、天猫、唯品会等电商网站的消费者了解购物网站的最主要途径。

创奇社交电商研究中心最新发布的《2018 中国社交电商行业发展报告》显示：2017 年社交电商行业总体市场规模为 6 835. 8 亿元，预计 2018 年社交电商市场将突破万亿元大关。社交电子商务发展速度迅猛，市场增速为 51. 4%。市场增长的加速度随着市场规模的放大在逐步下降，但绝对增长速度依然领先于传统电子商务等其他商业领域。

如今，个性化和差异化是消费者所追求的，依赖于熟人之间相互推荐与口碑信息，而社交电商去中心化的商业形态符合了消费需求。社交电商消费者的行为也受到了学者和实践领域的关注，无论是主流电商平台和还是从事社交电商活动的微商，都应密切关注消费者的行为，了解消费者需求，及其消费行为的作用机理，这样才能将社交电商做大、做强。本书以社交电子商务消费者为研究对象，对其总体消费行为、基于微信的消费行为及信任度等方面进行系统的研究，以期为国家宏观政策、社交电商平台、社交电商从业者提供参考建议。

1.2 相关理论概述

1.2.1 社交化媒体的概念

社交电子商务是在社交化媒体的基础上产生的，社交化媒体是用户彼此之间用来分享意见、见解、看法、经验和观点的工具和平台，其本质为传播媒介，与传统媒体相比具有形式多样的特点，包括文本、音频、视频和图像等。

经过近几年的不断渗透，在全球排名前十的网站中，有五个社交化网站，其中包括全球知名的 Twitter 和 Facebook 等，我国现阶段比较流行的社交网站包括新浪微博、微信、SNS 社区论坛及博客等。在互联网肥沃的土壤上，社交化媒体不断发展。通过社交媒体传播的信息已成为人们浏览互联网时想要获取的重要内容，是一种新的媒体形式，不仅报道了全球范围内一个个热门新闻与话题，还吸引了传统媒体的跟进报道，从而使社交化媒体这一新兴媒体形式在与传统媒体的竞争中更具优势。

CIECC 发布的《2017 年世界电子商务报告》显示，全球网民人数已达 41.57 亿人，互联网普及率达 54.4%。截至 2017 年 12 月，中国网民规模达 7.72 亿人，普及率达 55.8%。中国已经成为举世瞩目的网络大国，社交网络整体活跃度较高。

社交化媒体作为一种用户可以广泛参与的在线媒体，除“参与性”“对话性”和“交流性”的特征以外，它还具有以下特征：

公开性。多数社交化媒体都可以让用户免费参与其中，并鼓励人们讨论、分享和反馈信息，畅所欲言。与传统媒体的内容相比，更加公开透明。

社区化。在社交化媒体上，用户可以在某些领域，比如在爱好、兴趣等方面形成一个社区，用户之间可以就某些共同话题进行沟通、互动。

连通性。绝大部分社交化媒体的连通性强大，利用 URL 链接等方式融合多种媒体。

1.2.2 社交电子商务的相关概念

社交电子商务（Social Commerce），也叫社会化商务，是电子商务近几年广受推崇的一种新的衍生模式。它将社交平台等与电子商务进行组合，用户可以在社交平台上分享商品信息，从而促使其他用户产生购买意愿并促进购买行为的达成。

2005 年，Yahoo 首次提出社交电子商务（Social Commerce）的概念，在其网站上新推出 Pick list 的功能，让用户罗列出自己感兴趣的商品，并将 Pick list 上的内容组织到 Shopsphere 页面，用户可以查询自己的亲友和陌生人的最喜欢商品目录，从而达到促销的目的，这就是社交电子商务的雏形。

维基百科认为，社交电子商务是融入了社交媒体的电子商务，这些社交媒体和网络媒体支持用户网上交流互动行为和分享，从而促进线上产品和服务的销售和购买。简单地讲，社交电子商务是在电子商务交易的背景下使用的社交网络。

艾瑞网发布的《2011 年中国社交化电子商务专题报告》认为，基于社交网络通过关注、分享、沟通、讨论、互动等活动完成电子商务交易的现象称为社交电子商务。

有些外国学者还认为，社交电子商务是基于电子商务环境，使用支持社会化交互和用户贡献的社会化媒体和网络媒体，来促进商品或服务的网络交易，内容包括社交购物、用户介绍和推荐、用户评级和评论、用户论坛和社区、针对电子商务的社交媒体优化、社交应用以及与电子商务相关的社交广告。

根据不同定义可将社交电子商务分为两大类：一是脸谱网和推特等现有

的社交媒体网站；二是亚马逊、易趣网等现有的电子商务网站。前者的定义是狭义的，把社交媒体作为社交电子商务的必需条件，通过“购买”按钮，使消费者直接在他们的脸谱网或推特账户进行商品或服务的购买。后者定义更广泛，包括任何形式的社区或社区所联系起来的商品或服务，还可以包括通过用户交换而得到的用户论坛、评价、参考意见和经验。本书采用了后者更为广泛的社交电子商务的定义。

1.2.3 社交电子商务的模式和特点

按照具体的形式，现今形成的社交电子商务平台可分为以下四种模式：

第一种类型是基于共同兴趣而产生的社交圈子的社交电子商务模式，包括蘑菇街、美丽说，这种平台应用图片流的模式，使得其视觉冲击力大大增强，方便用户挑选商品，盈利能力较强。

第二种类型是结合图片与兴趣的模式，代表平台为 Pinterest，即 Pin（图钉）与 Interest（兴趣）的结合，用户把自己感兴趣的东西像用图钉一样钉在钉板（Pin Board）上。此模式具有简单、互动性强、视觉冲击力强的特点，可以很快速地聚集大量用户，其盈利依赖于用户数量。

第三种类型是媒体导购，以“逛逛”为代表平台，媒体属性较强是它的特点，就像时尚杂志，使用户在浏览时充分感受到商品的魅力。但是，此模式往往较难聚集起大量的用户，用户之间的互动性较差。

第四种类型是线下消费与线上导购相结合，截至目前，在此类型领域较为出色的平台有大众点评、千品网等，特点是用户的消费目标明确，但娱乐属性比其他类型弱，对商品的要求较高。

社交化电子商务具备三个核心特征：导购性，社交平台利用流量红利，将用户分享的信息传递给其他用户，促进购买；社交性，消费者之间及消费者和企业之间可以在社交平台上进行互动；多级获益，用户利用社交平台作为病毒式营销的有效平台，实现社交化传播多级返利。

1.2.4 社交电子商务信任相关理论

(1) 信任和社交电子商务信任度的定义

在许多学科中，信任都被当作重要的研究课题，现阶段对信任的研究涉及了营销学、管理学、教育学和心理学领域等。

营销学领域中，Morgan 和 Hunt（1994）提出，信任体现在可靠和诚实两个方面，交易双方的一方对另一方有足够的信心。

在管理学领域中，Mayer（1995）认为信任是一种积极的意愿，信任方愿意将自己的弱点在被信任方的面前暴露，并承担因此产生的风险。McKnight（2002）也提出，信任是相信并依赖另一方，高水平的信任包括信任倾向与信任意念两个变量。

在心理学领域中，信任是社会影响概念中不可或缺的一部分。Rotter（1980）认为信任是一种稳定的信念，维持着社会共享价值和稳定，是一种整体期望，代表着对他人话语、承诺和声明的信赖度。

根据信任的定义，借鉴 McKnight（2002）的观点，本书认为对信任的定义体现在诚实、能力和善意三个维度上。同时，关于社交电子商务信任度采用的角度包括两方面：一方面指人们对于商品信息推荐者的信任程度；另一方面指对社交电子商务平台所展示的商品信息的信任程度。

(2) 基于网络的信任模型分析

与传统的交易环境相比，网络交易有着更多的风险性和不确定性，因此基于网络环境下对信任度的研究是十分必要的。信任是一个跨学科的概念，其概念不清晰可能导致其研究的杂乱无章，不利于研究成果的形成。所以，在研究初期许多学者都致力于关于信任概念的研究，最常见的研究方法之一便是利用语义学的方法对前期学者的研究成果加以分析，从而提出了信任模型的概念。最具有价值的两个研究分别为 Mayer（1995）等提出的组织间动态的信任模型（见图 1. 1）和 McKnight（2002）等提出的跨学科的信任概念模型（见图 1. 2）。

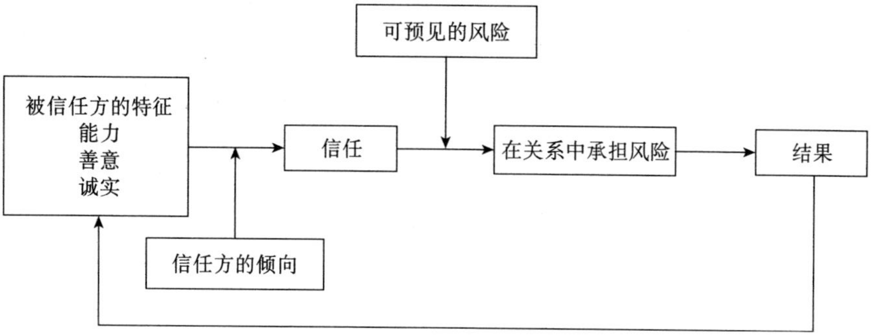

图 1. 1　Mayer 的信任模型

在网络交易的文献中，不难发现，Mayer（1995）提出的信任概念得到最广泛、最频繁的引用。他指出，一般情况下，买方为信任方，卖方为被信任方。在研究信任方与被信任方的关系时，买方信任卖方主要源自三个要素，即能力、善意和正直。同时，他还提出信任不仅影响信任方对风险的预期，还最终影响信任方的行为。

McKnight（2002）的研究认为在电子商务的环境下信息信念消费者相信网络平台至少有一个特征是对其有利的。信任因素包括网站供应商的能力、善意、诚实和可预见性。其中，能力是指相信被信任方的能力、行业中的竞争力和号召力；善意是指被信任方是为自己的利益着想而不是处于某种经济利益才采取行动；诚实是指被信任方会坚持信任方的立场与原则。

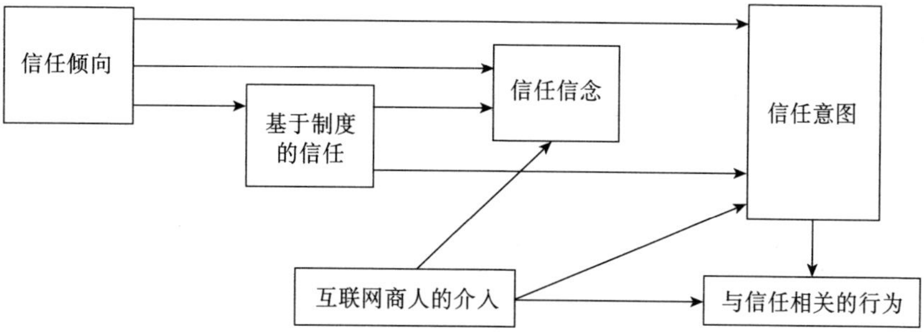

图 1. 2　McKnight 的信任模型

1.2.5 消费者行为理论

一般情况下，消费者的行为包括消费者购买倾向和购买行为两个部分：购买倾向是属于消费者态度的转变过程，其实也是消费者购买决策的整个心理活动；购买行为是购买决策的实践结果。

对消费者行为的研究始于19世纪末，得到快速发展是在20世纪60年代以后，消费者购买决策过程及影响因素是消费者行为学的主要研究框架。主流的消费者行为理论认为消费者是理性的，即消费者在进行购买决策的时候是以自己获得最大利益为前提的，这就是理性行为理论。这个理论的影响范围很广，但是经过深层次的研究发现，有很大一部分消费是非理性的，尤其是在电子商务环境之下，消费者面临着海量的数据，选择也是多种多样的，在这种不确定性较高的情况之下，消费者很难做出理性的决策。

与传统电子商务模式相比，社交电子商务环境下消费者保持了传统电子商务环境下的消费心理和行为习惯，但是随着社交网络的发展，web2.0时代的到来，消费者将面临更为纷繁复杂的商品、品牌与信息的选择，在享受网络购物的同时，还进行着分享、评论等互动，消费者的消费心理和行为习惯正在慢慢发生改变，并且呈现出新的特点和趋势。本书以消费者行为理论为研究基础，从市场营销的角度对当前消费者行为研究的最新进展和难点问题进行探讨，目的是进一步推动电子商务环境下的企业市场营销策略研究。

1.3 研究框架

研究框架见图 1.3。

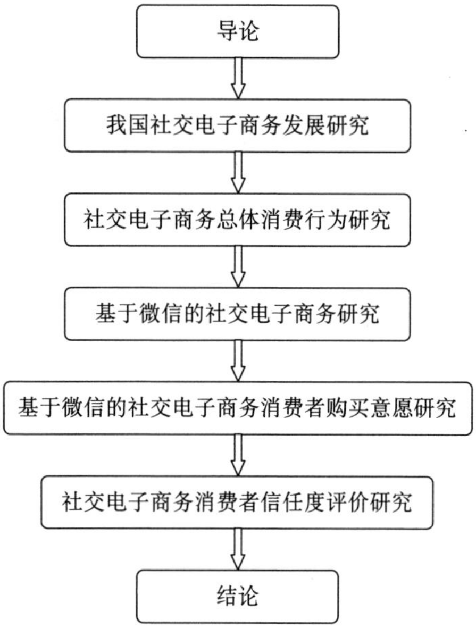

图 1.3　研究框架

第2章 我国社交电子商务发展研究

2.1 研究概述

2.1.1 研究背景与意义

社交电子商务作为一种新型衍生电子商务模式，受到了企业和学术界越来越多的关注。2017年，中国社交网络行业市场规模超过280亿元。对于日益增长的网民用户而言，电子商务以及社交媒体已经成为日常生活不可或缺的重要组成部分，两者相互融合创造出一种新型衍生电子商务模式，即社交电子商务也正在被越来越多的消费者认可。

作为正在蓬勃发展的新领域——社交电子商务，在发展的过程中总是会出现各种各样的问题，只有通过研究，找出问题，并且提出解决问题的对策，才能够让社交电子商务得到更好的发展。因此，本部分要针对目前我国社交电子商务发展过程中存在的问题，研究解决方案，为社交电商的发展提供依据。

2.1.2 研究内容与方法

本部分围绕我国社交电子商务的发展，分析了我国社交电子商务的发展现状、存在的问题和解决对策。

（1）我国社交电子商务的发展现状研究

通过分析我国社交电子商务发展的原因、我国社交电子商务的现状，以及我国社交电子商务的发展模式来说明我国社交电子商务目前的状况。

（2）我国社交电子商务存在的问题

我国社交电子商务存在的问题包括用户隐私易泄露、行业管理体制及法律法规不完善、支付系统安全性欠缺、过度依赖上游、市场容量有限和信息分享过度等。

（3）我国社交电子商务发展的对策

我们针对存在的问题提出对应解决的对策：制定行业自律规则和安全审查测评体系、加强立法和标准规范体系建设、不断进行技术革新、实现良好的差异化竞争、突出口碑传播和意见领袖影响力、大数据和社交电子商务相结合，使得这一课题研究更加有现实性意义。

本部分通过收集一些权威部门和网站发布的调查报告等获取一手资料，并进行数据核实，保证提高数据与信息的准确性。采用文献研究法、定量分析法、定性分析法等，尽可能提高数据与信息的可靠性、客观性和前瞻性。

2.2 我国社交电子商务的发展现状

2.2.1 我国社交电子商务发展的原因

(1) 环境的改变

社交媒体的兴起改变了互联网用户的环境，而且对电子商务产生了巨大的影响。由于在社交媒体上，用户可以创造并分享内容，使用户的参与感提高，用户体验提升，社交媒体被越来越多的互联网用户使用，互联网用户使用的比率超过了九成。用户在社交媒体上的应用往往是针对某一兴趣领域，或者是朋友间的沟通，因此分享信息的真实性容易获得认可，从而会影响其他人的购买行为。社交网络用户量的快速增长会给企业带来大量的潜在用户，因此企业必须意识到有效运用社交网络传播快、影响大的传播优势来聚集人气，吸引客户。借助社交媒体进行企业品牌、产品及网站的宣传推广，进行产品的辅助销售，进行市场调研，进行客户关系管理等工作。

(2) 顾客的改变

随着互联网用户使用社交媒体的比例和频率的增多，消费者的购物习惯和行为也在发生着变化。更多消费者愿意利用社交媒体去获得产品及品牌信息，而且愿意接受来自社交平台其他消费者分享的信息，同时也愿意去分享自己的购物体验，使用心得，从而影响其他消费者的购买行为。

(3) 中心的改变

社交媒体的出现，改变了互联网原有以网站为中心的特征，每个互联网用户及消费者都是互联网内容的创造者。每一个消费者在社交平台上都有自己的朋友圈，而这可以组成一个个微型的商业圈，这些商业圈又由于朋友圈的交叉可以无限扩大。因此，社交媒体和电子商务的结合是必然的，社交平台既可以帮助企业进行电子商务活动，又可以进行网络营销，进行网络品牌的推广，维系和顾客之间的关系，还可以帮助企业有效地获取信息、甄别信息和分享信息。

2.2.2 我国社交电子商务发展现状

我国的社交电子商务网站较国外出现的晚，目前来看，社交电子商务网站可以分成以下三类：依托现有的电子商务网站构建社区、基于社区的社交电子商务、第三方社交电子商务平台。

（1）社交电子商务的市场现状

由于社交电子商务具有的优势，很多企业尝试社交电商。蘑菇街在2011年成立之初就定位于社交电子商务，但是由于当时用户的成熟度低，市场不成熟，并未成功，在经历了导购社区模式、女性时尚垂直电商平台之后，于2014年再次回归社交电子商务，得到用户的认可。阿里在2013年入股新浪微博时，就意在借助新浪微博的社区优势探索社交电子商务模式。腾讯在2014年推出以微信为平台的微店也是意在发展社交电子商务。与此同时，国外著名的社交平台Facebook和Twitter也通过一些举措使用户能够在沟通及发布消息的同时进行购物。

社交化网购正在崛起，根据最新的CNNIC数据显示，电商用户和微信用户的重合度最高，电商用户中的微信用户占比为70.6%，排在第二位的是电商用户与QQ空间用户的重合度，为55.2%。电商用户与新浪微博用户、百度贴吧用户及腾讯微博用户的重合度差不多，分别为39.7%、36.5%和32.1%。可见，腾讯系产品做社交化网购具有最好的用户基础，阿里系新浪微博位居其次，百度系贴吧位居第三位，具体使用情况见

图 2.1。

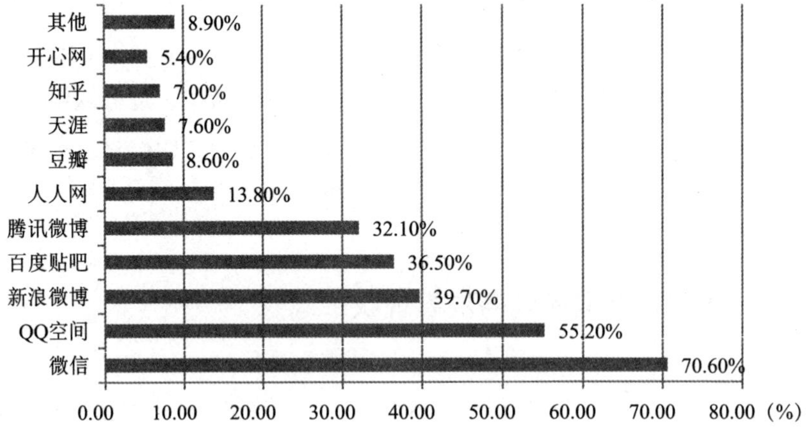

图 2.1　2015 年电商用户社交媒体使用情况

（2）用户进行社交电子商务的意愿

根据 CNNIC 研究显示，能够接受社交媒体中的商品信息的用户比例为 46.6%，不喜欢社交电子商务的模式的用户比例为 53.4%。从图 2.2 可以看出，中国的互联网用户对于社交电子商务还是比较认可的，但是用户习惯有待培养。

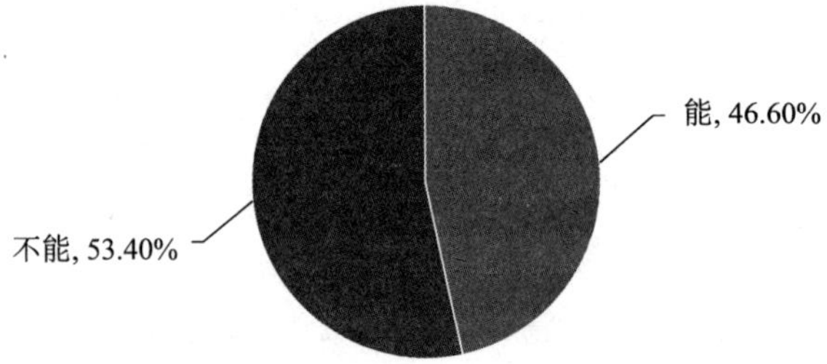

图 2.2　用户进行社交电子商务的意愿

用户的社交行为仍然是社交媒体的核心应用，那么电子商务在社交媒体方面的发展空间有多大呢？图 2.3 显示电商用户中 47.8% 的用户能够接受社交媒体上存在 5% 以下的商品信息；32.9% 的用户能够接受社交媒体上存在5% ~10%的商品信息。因此，10%为电商用户对社交媒体存在的商品信息的敏感值，5%为电商用户对社交媒体商品信息普遍能够接受的值。

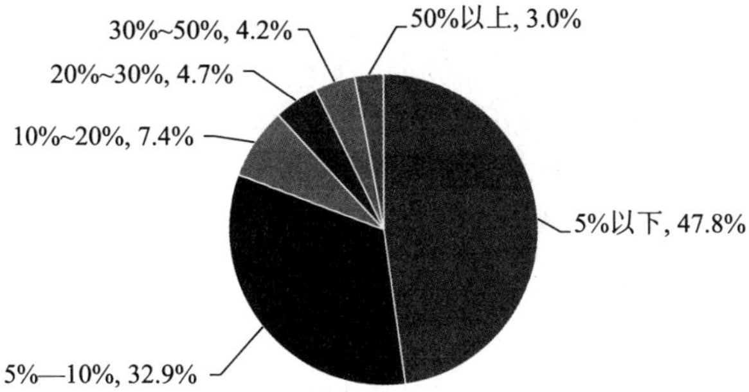

图2.3 社交媒体中的商品信息占比

(3) 用户的传播现状

从图2.4可以看出，在电商用户和社交媒体的重合用户中，有27.8%的用户转发过社交媒体的商品信息或消费体验，而且他们最容易转化成社交电子商务用户。

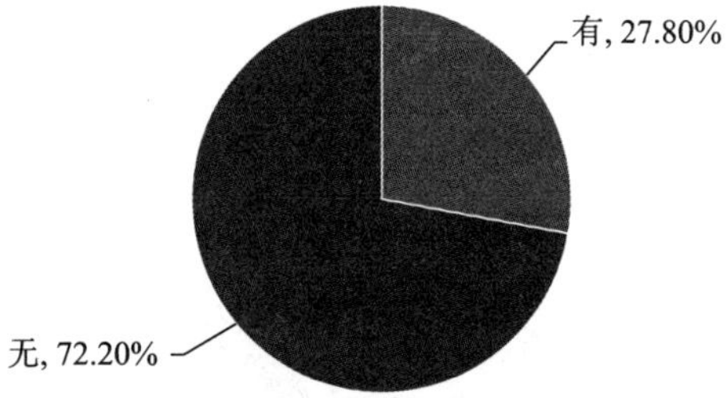

图2.4 用户的传播情况

(4) 用户的消费现状

在电商用户与社交媒体的重合用户中，33.8%的用户最终成为社交电子商务用户（见图2.5）。有实际经历的用户比参与转发商品信息用户的概率高，说明一方面社交电子商务能够缩短用户的决策时间，另一方面转发商品信息不成为社交电子商务用户的充要条件。社交电子商务用户决策过程中最关键的因素是网站促销力度，一旦促销力度够大就会在社交媒体中产生病毒式营销结果。

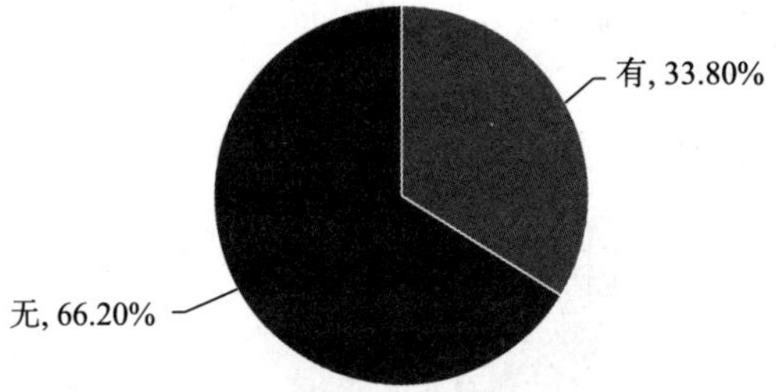

图 2.5　社交媒体上看到商品或促销信息，最后购买的经历

从图 2.6 可以看出，2015 年社交电子商务年度人均交易额为 1 216 元，整体电商年度人均交易额为 7 719 元，社交电子商务在整体电子商务中的人均交易份额相对较小，仅占 15.8%。从交易次数来看，社交电子商务年度人均交易次数为 6 次，占整体电子商务年度人均交易次数的 1/8。当前，社交电子商务模式仍为普通电子商务模式的有益补充。

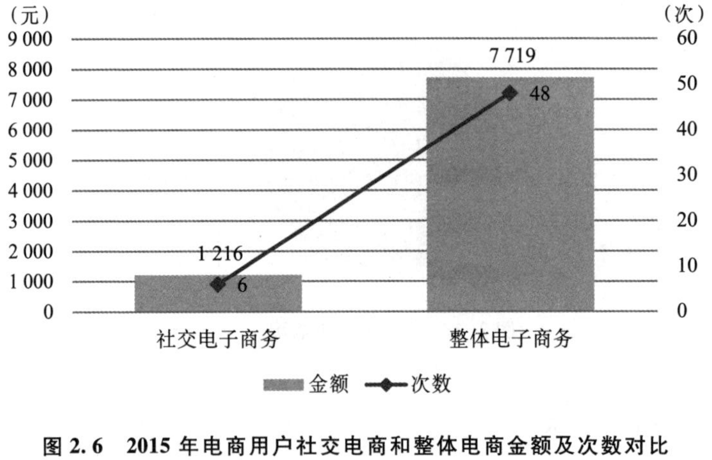

图 2.6　2015 年电商用户社交电商和整体电商金额及次数对比

2.2.3　我国社交电子商务的发展模式

我国社交电子商务起步较早，在 2006 年就已经出现了不少平台，但是基于那时电子商务发展不成熟，这些平台也相继退出了人们的视线。2011年，美国 Pinterest 网站发展良好，这时很多中国人意识到了读图时代即将到来，于是就开始了模仿之路，当时较大型的有 30 家左右。然而，一味地模仿并没有让这些平台繁荣很长时间，最后的结果也基本以失败告终，这就告诫我们在模仿时还应进行相应本土化改进的重要意义。

中国和美国最大的差异就是目标用户群的差异。美国社交电子商务的用户群以中产阶级家庭妇女和大学生为主，他们喜爱分享，且具备一定的鉴赏能力，当然最重要的还是具备一定的消费能力。相对而言，中国的用户群平均年龄较低，且主要集中在中低收入阶层，这就导致了消费能力较弱。此外，当时的互联网时代缺乏分享因素，对于社交电子商务这种以分享为核心的网站是最大的障碍。中国人口庞大，网民数量更是发展迅速，如果社交电子商务网站把大量的时间和精力花在帮助用户维系兴趣上，就会耗费大量的金钱，这是大部分网站所不能承受的。所以，我国社交电子商务网站另辟蹊径，以商务活动为重点，并辅以合适的营销手段，比较成功的就是美丽说和蘑菇街，他们在借鉴 Pinterest 的瀑布流格局的基础上，更重视商品展示、用户评价，依托淘宝系实现快速引流，迅速打通了前往电子商务的道路。

目前，社交电子商务有三类发展模式：依托现有的电子商务网站构建社区、基于社区的社交电子商务和第三方社交电子商务平台。

（1）依托现有的电子商务网站构建社区

这种社交电子商务模式是指电子商务企业依托现有的电子商务网站构建社区，为客户提供良好的服务和信息，促进用户之间的沟通，提升用户黏性，从而促进电子商务的发展。现在比较成功的电子商务企业都在应用这种模式，比如凡客的凡客达人、淘宝的淘江湖、阿里巴巴的人脉通等。凡客达人是凡客诚品推出的一个社区化全民营销平台，买家如果在“达人”的店铺或者空间购买了凡客的商品，“达人”就可以获得凡客 10% 的佣金。淘江湖为淘宝用户提供一个非常实用的交互平台，在这个平台上，用户可以分享购物经验，互相沟通交流。人脉通是阿里巴巴推出的新型商务社交网络，将电子商务与SNS结合起来，以帮助网商们建立在线人脉关系。上述这几种社区平台都是基于自身电子商务网站，一方面，为用户提供个性化服务，比如可上传商品图片、购后评价，定期发起一些与购物相关的话题吸引用户交流参与并分享，形成用户与社交电子商务平台的强联系，提高用户黏性；另一方面，则是利用社交电子商务平台的网络社区属性，加强社区互动，促进用户购买，从而提高网站知名度和销量。

(2) 基于社区的社交电子商务

在如今的web2.0时代，有些社交平台比如豆瓣网、新浪微博等拥有大量互联网用户且具有相当影响力。因为具有庞大的用户群体，如果将它们同电子商务进行整合，利用流量红利，对于买卖双方来讲都是有利的。这些平台也认识到了这一点，比如新浪微博推出的针对二手商品的“微跳蚤”就是利用社交平台为用户提供信息发布、沟通、互动的服务。以书评和影评为特色的豆瓣网也利用自身的社交属性，推出了一款导购平台“豆瓣东西”，目的是让用户分享商品信息，形成商品发现社区，并为电商平台进行导购。

(3) 第三方社交电子商务平台

第三方社交电子商务平台本身并不进行商品的买卖，而是为网上消费者提供一个进行交流，分享购物心得，实现购物咨询的平台。这样的平台往往通过个性化服务吸引并留住客户，形成稳定的客户群。在中国，比较典型的网站有“美丽说”、“堆糖网”、“辣椒网”等。作为一个女性互动购物社区网站，美丽说的用户可以在平台实现找达人，找店铺，找团购，分享网购链接，分享自己喜欢的购物信息等功能。

堆糖网是一个基于兴趣的社交平台，用户可以在此平台上利用便捷的图文收集工具，收集和发现自己喜欢的事物，并把自己喜爱的东西分享出去。用户的兴趣以各种兴趣主题小组的形式体现，因此可以很容易地找到志同道合的朋友，实现沟通交流。

在电子商务应用方面，这些第三方平台已经和很多企业进行合作，比如高端时尚棉袜品牌 CottonPop 与“堆糖网”达成合作协议，双方将在品牌联合活动、用户共享、市场推广等方面进行多层面的资源互换。

2.3 我国社交电子商务发展存在的问题

2.3.1 用户信息隐私易泄露

用户信息隐私性方面的问题不仅仅是社交电子商务行业存在的问题，还是整个互联网行业存在的诟病。当下互联网的迅速发展，很多公司只注重赚钱，不注重用户体验和良好的数据交互以及网络安全等问题，特别是用户的隐私。用户信息隐私泄露的方式主要有用户泄露以及社交电子商务网站造成的用户信息泄露这两种方式。

随着社交媒体的兴起，互联网分享信息的方式变得多样化，个人隐私信息泄露的风险也越来越大，但用户普遍对这个风险缺乏意识，虽然有人注意到了，但仍然有大多数人乐于通过网络分享自己的信息。容易导致信息泄漏的行为包括：有些社交媒体用户为了获取较大的利益，会选择向陌生人发布一些比较私密性的信息；对个人隐私保护缺乏相应的重视，明知道有风险还是想要发布信息，对于风险的意识不足；在社交视角平台时容易忽略一些安全及隐私设置。

就新浪微博而言，用户注册账号后可以对自己的相关信息进行设置，比如一些基本信息、职业信息等，还可以设置“我关注的人可见”或者“所有人均不可见”，此外，评论、地理位置等信息也可根据需要设置。但是，大多数人并没有注重设置的重要性，有些用户可能知道但没有进行相应的操作，有些用户则根本没有注意到这个问题。用户的不当行为不但造成自身隐私的泄露，同时也有可能泄露他人的隐私，比如未经他人允许在社交媒体上发布某些图片或者只言片语，都有可能泄露他人的重要隐私。另外，现在大部分的社交电子商务网站都拥有大量的用户信息，因此如何提高网站的安全性，对于用户隐私安全的保护也至关重要。网站一方面有可能因为技术原因泄漏用户隐私，另一方面也有可能因为某种利益驱使故意泄漏用户的隐私。2015 年 10 月，有用户投诉疑似“蘑菇街”平台存在信息泄露，导致用户遇上网络诈骗。由于互联网技术的迅速发展，一方面安全技术发展不到位，另一方面用户操作不当，个人信息被泄露的新闻层出不穷。在商业网站方面，曾经出现过携程网信息安全门事件、小米公司 800 万用户数据遭到泄露、东航系统漏洞导致大量用户订单泄露、12306 网站用户个人信息被泄露。政府网站也不可避免地出现过类似的情况，如 130 万考研用户信息被泄露、杭州新生儿及家长信息被泄露等事件。

有些公司为了牟取利益，在软件中加入后台程序，比如：当我们安装手机 APP 时，有时候会提示读取手机联系人信息才能安装，这就是为了获取用户联系人，然后将他们的广告或者第三方商家的广告通过他们的平台向用户推送，然后从第三方合作商那里收取服务费。还有一些公司，为了将自己的产品推出去，前期先通过线下地推模式将产品推出去，通过手机扫码注册送礼品的方式让用户实名认证注册，然后回到公司通过系统筛选整理，有的公司将数据出售获取利益，甚至还存在有的公司直接使用用户的身份证信息进行贷款等恶劣行为。

以上提到的这些都是互联网时代所存在的个人信息安全问题，并且这些问题都是“致命”的，如果这个问题得不到有效彻底的解决，将来可能会是一个灾难。时代在进步，科技在发展，同样的，网络安全也应该跟上时代发展的脚步，只有两者同步发展，才能够给人们建立一个安全可靠的网络信息环境。

2.3.2　行业管理体制及法律法规不完善

随着社会信息化的日益发展，社交电子商务成为国民经济生活的重要组成部分，但是由于社交媒体和电子商务在我国都还处于发展不完全阶段，而社交电子商务又是结合社交媒体和电子商务两个领域的新模式，还有许多问题有待解决。

近年来，国务院和有关部委为了优化电子商务发展环境，出台了一系列涉及网上交易、支付等方面的政策、规范。由于电子商务是新兴业态，针对社交电子商务法律法规还是空白，而且有些法律法规在可操作性方面还存在一些问题，有些社交电子商务交易行为还很难做到有效规范。

国家在行业体制管理方面做得还不够充分，比如有些跨境电子商务公司为了提高自己的营业收入，开发自有的 B2B2C 平台，然后吸引代理商到平台进行购买销售，但有些是个体经营，比如微商，他们没有营业执照，也没有税务登记证，仅凭一张身份证就可以购买并且将购买来的商品再卖给用户，这中间，且不说商品是否可靠（比如是否是假货或走私货物等），仅没有营业执照就擅自经营并且流动金额超过国家规定范围内的上限金额一项，就属于违法行为。

作为一个新兴的市场经济体，目前国内的社交电子商务还处在高速发展阶段，也有越来越多的科技公司由传统模式不断拓展成互联网社交电子商务模式（比如腾讯的微信、阿里巴巴的淘宝等），以新的思维去定位市场和开拓市场空间。由于社交电子商务行业较为混乱，甚至有的公司为了吸金不惜钻法律的空子等，这些都是造成社交电子商务行业出现问题的原因。

2.3.3 支付系统安全性欠缺

在社交电子商务交易过程中，当用户购买一件商品准备下单支付时，可能会担心这是否会对我的银行账户造成安全隐患，我的个人账户信息是否泄漏等，这些都是网上电子支付系统所要解决的问题。比如前段时间报道的某人在某购物平台支付完成后，银行卡内的余额莫名少了近十万元，后来通过一系列的搜查，原来是被别人盗刷。目前很多社交电子商务公司的平台在支付过程中都是跳转到其他平台比如银行网银、支付宝、微信等，而这仍然存在很多支付安全性问题，比如 2015 年 10 月就曝支付宝存在安全漏洞。虽然，现在很多社交电子商务公司会努力解决用户支付时所带来的安全隐患，比如在支付界面添加防盗链处理，以用户手机号码和短信验证码验证等，但还是解决不了支付时所存在的安全隐患问题。

同时，在我国，电子支付牌照出现比较晚。电子支付的法律关系同传统支付相比较而言相对复杂，还没有专门的法律法规去应对违规问题和风险。第三方支付平台是电子商务交易过程比较有效的支付工具，但是也存在着一些安全隐患。比如第三方支付平台拥有大量的沉淀资金，如果不对这些巨额的沉淀资金进行有效的监督和管理，很有可能引发洗钱、诈骗或逃税等非法活动，假如第三方支付平台挪用沉淀资金投资，一旦失败就有可能出现资金链断裂的现象，给用户带来巨大的损失。

2.3.4 过度依赖上游

在电子商务产业链中，我国的社交电子商务太依赖产业链上游的网站和商家，大部分是为上游网站或商家（如淘宝）提供导流或导购功能，这种功能没有充分体现出社交电子商务的真正价值。

2012 年 5 月，马云曾在内部会议上提出了阿里巴巴对电商导购以及返利类网站的几点原则：一是不扶持上游导购网站继续做大；二是产业链可以和异业合作，尽量不和同业合作；三是扶持返利类网站。

同时，现在很多社交电子商务公司都过度依赖于上游物品生产方，当上游缺货时，可能库存就无法得到弥补，从而造成网上交易平台关闭等问题。其实，上游只是物品生产方，而社交电子商务只是一个有效的公共服务平台，如果过度依赖于上游，可能会拖垮社交电商行业，甚至还会造成资源浪费等。所以，阿里巴巴平台就做到了这一点，脱离了对上游的过度依赖性，将仓储库存放在生产方那里，其宗旨是：我给你提供一个网上服务交易平台，你作为物品生产方，在我的平台上销售物品，这样，他们（阿里巴巴）就不用去考虑库存是否充足，是否有库存积压等问题，所以目前很多公司都效仿阿里巴巴的做法，开始让上游入驻自己的平台，而不是纯粹的自营模式。

2.3.5 市场容量有限

我国社交电子商务发展过程中还存在市场容量及规模比较小，同质化严重的问题。就现阶段而言，社交电子商务主要集中在服饰、护肤、母婴、家居等消费性产品领域，很难拓展到其他领域，如图 2.7 所示。“美丽说”、“蘑菇街”这种类型的网站主要面向年轻女性，分享的商品主要集中在服饰上。社交电子商务虽然是电子商务产业链的一环，但是其市场规模并不大，这也是为什么有些社交电商创业者没有坚持，没有成功的原因。

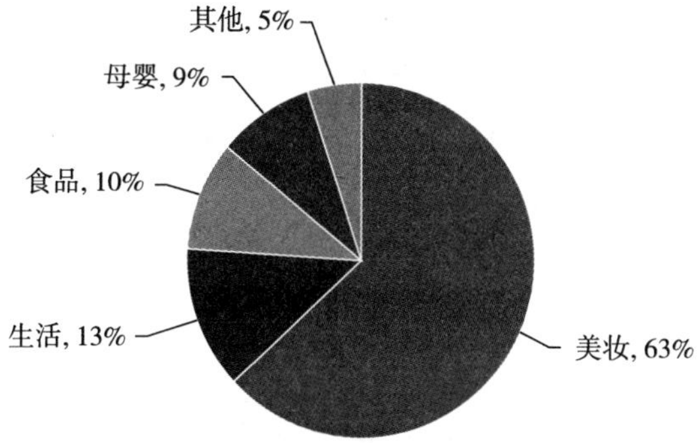

图 2.7 社交电商交易主要品类构成

由于当下社交电子商务市场的同质化比较严重，很多公司都进行了合并，比如“蘑菇街”和“美丽说”的合并。这两家企业的合并从客观上说是由于社交电子商务市场的有限性导致。两家企业产品同质化严重，即竞争又模仿。2013 年 8 月，淘宝对导购平台进行严厉封杀，将二者逼到绝境。所以，合并对它们来说可能是一个不错的选择，与其相互竞争，不如成为朋友，共同发展，这样也能够使各自品牌的定位更加清晰。“蘑菇街”倾向年轻人群，“美丽说”则定位为以白领为主的消费群体，这样融合团队业务，使品牌更加独立，占据社交电子商务市场的大份额。

2.3.6 信息分享过度

虽然社交电子商务能够更容易激发用户的购买欲望，并以其较好的分享交易环境在一定程度上促进了用户分享行为的增多，但由于其自身存在的对用户生成信息识别能力的不足，导致信息质量参差不齐，在纷繁的信息中用户识别困难，在一定程度上影响了用户的选择和体验。

新浪微博作为目前用户人群最大的社交媒体，截至 2015 年 9 月 30 日，微博月活跃用户数（MAU）已经达到 2.12 亿人，较 2014 年同期增长 48%，而每一个用户在一天之内可能会分享几条甚至几十条微博，每个用户每一秒都很可能会接收到各种各样的信息，而这个时候如何能够较好地在这些信息中分辨出真实、有用的信息便成为用户面临的一个大难题。

网络营销专家所志国先生表示，由于社交媒体上的信息在传递时具有病毒式营销的特点，用户发表信息无论好坏都会迅速地在社交媒体上蔓延开来，而作为商家并不愿意看到这样的局面，必然会采取一些措施，那么社交媒体原本的信息公开、透明、客观的优势必然会大打折扣。

2.4 我国社交电子商务发展的对策

2.4.1 制定行业自律规则和安全审查测评体系

社交电子商务网络服务商和运营商应该从用户的利益出发，成立行业个人信息保护协会，加强自律才能够较好地防止用户信息泄露。行业规则的制定可以参考以下几点：1. 进行个人信息收集的时候，必须事先让用户知晓，而且要告知用户信息收集的用途及可能带来的风险；2. 开发具有隐私保护功能的新产品；3. 建立认证机构和制定安全技术标准，并且实行定期检查；4. 成立安全举报中心，用以监督和规范信息泄露行为。

改变应用程序只注重功能和下载量等指标的现状，把应用程序隐私保护、安全度等纳入到指标体系，且经第三方权威评测机构考评之后才可以列入应用中下载。

我国还没有专门的个人信息保护立法，相较大多数发达国家个人信息保护立法方面已经落后，因此需要加快立法进程，在对用户信息隐私收集、处理、保护方面提出规范，进而有效地保护个人信息。

2.4.2 加强立法和标准规范体系建设

在“简化市场准入，强化业务监管”的思路指导下，建立社交电子商务监管协调机制，有机衔接、深度整合各项监管职能，正确发挥政府的监督作用，充分发挥政府在社交电子商务平台规范电子交易市场方面的作用。监管部门与社交电子商务平台一起加强交易信用管理，全时检测并有效打击网上违法违规交易行为，及时处理网络交易纠纷，建立可信、安全、便利的网络购物环境。

为规范电子商务及社交电子商务的发展，国家应该尽快出台相关法律法规，使社交电子商务能够有序发展，在制定相关法律法规时应积极借鉴国际标准和其他国家的先进经验，促进国际化交流。

2.4.3 不断进行技术革新

科技在进步，时代在发展，社交电子商务也在不断地发展与完善。同时，技术也要跟得上时代的发展需求，唯有不断创新，不断探索，才能迈上一个新台阶。社交电子商务作为一个新兴的社会市场经济体，技术是其发展的核心和关键。所以，对于从事社交电子商务领域的企业或公司来说，要敢于创新，敢于尝试新的技术，新的科技，在社交电子商务发展与完善的同时，技术的脚步也要跟上，两者结合，同步发展，将技术不断地向前推进，唯有这样，才能带动整个行业的技术革新与创新发展，才能成为这个领域中的佼佼者，从而在这个市场占有一席之地，免遭市场淘汰的命运。

社交电子商务的安全性同电子商务系统的安全性在技术上有一定的一致性，都需要服务商、客户与银行三方通过互联网连接起来，需要数据加密技术的支撑，同时，身份认证技术、各种安全协议都要涉及，因此社交电子商务安全控制需要有一系列的安全技术来保证。

2.4.4 实施差异化竞争策略

随着互联网的发展，web2.0 应用的普及，社交电商逐渐被大众接受和认可，交易额不断增长。但是，社交电子商务将来的发展是以社交为主还是以电商为主，还没有得出定论。无论怎样，从社交电子商务发展策略上讲，不同平台、不同规模、不同阶段的社交电子商务都应该有自己的发展特色和不同的竞争力，在市场竞争中实行差异化竞争策略。企业或者个人都应该深挖自身的特色，为用户提供不同的消费体验。

在社交电子商务模式中，每个个体都是一个品牌。无论是综合电商还是垂直电商和跨境电商，都不可避免地沦为一个平台，优质的产品往往与平台无关。然而，在社交电子商务中，只要你有优质的产品、良好的服务和畅通的渠道，你就是一个品牌，里面囊括了电子商务的一切。社交电子商务的特点决定了其并不需要运营商本人变成客服和消费者去沟通，而是打通消费者内部的沟通渠道，让消费者去自由交流，消费者在里面获得的不仅仅是购物体验，更多的还是互帮互助。因此，当你的品牌足够优秀，所有的消费者将对你的产品无限忠诚并且乐于向他人传播。这个时候，你就拥有了其他个体企业所没有的独特优势。

2.4.5 突出口碑传播和意见领袖影响力

互联网时代，消费者获取信息非常多且很容易，但与此同时也产生了大量的信息冗余，互联网上每天都会有各种商品信息，且呈现出海量式增长的态势，这就不可避免地提高了用户筛选信息的难度。社交电子商务是通过基于社交关系网络的口碑推荐进行信息的传递，在传递过程中实现了一传十、十传百的病毒式营销效果，这种营销方式传播范围广、效果明显，但是在实施过程中，需要有一个包含有价值信息的“种子”，这个“种子”能够引起用户的关注和共鸣，他们才愿意主动去传播。另外，在社交平台上用户之间进行沟通交流，需要有人来主持，这个人可称为“意见领袖”，“意见领袖”往往是某个领域的专家，对于特定产品有着更多的了解和兴趣，普通消费者会愿意向他们请教一些问题，以减少购买商品的不确定性。

在社交电子商务网站中，由于社交的特效，所以用户会基于自身的兴趣、爱好等特点选择相应的群体进行大量的聚集，从而实现正向的互动交流，这可以间接地为社交电子商务平台降低了解用户的成本，找到用户的兴趣所在。因此，社交电子商务网站一定要注重信息的分类，比如可以设置服装、家居、搭配、运动等不同关键类为用户提供不同的标签，便于他们根据自身喜好选择合适的领域，当然还要设立不同的小组，在小组人员聚集到一定程度的时候，可以考虑选出相应的意见领袖，也就是在小组里高度活跃且有一定说服力的人，这样可以有利于形成组内成员的良好口碑并向外发散，有利于社交媒体进行传播。与此同时，意见领袖乐于分享自己的经验，可以实现更好的带动作用，因此，要格外注重意见领袖的打造。在选取意见领袖时，除了可以考虑明星这样已有庞大粉丝群的任务，当然还可以考虑一些购物达人、小组组长，甚至是一些优秀客服代表，多挖掘一些有潜力的用户，帮助带动他们成为意见领袖。此外，普通的消费者也应该考虑给予他们成为意见领袖的机会，具体可以通过发帖的活跃度、提供内容的可参考性等来进行评选，提高用户成为意见领袖的积极性，这样更有利于有针对性地进行口碑传播。在这方面做得比较优秀的公司当属小米公司，小米公司利用粉丝口碑和在粉丝圈中的意见领袖意见成功打造了每年 4 月 6 日的一个“米粉节”，更是提出了“因为米粉，所以小米”的口号。

2.4.6 大数据和社交电子商务相结合

社交电子商务是社交媒体和电子商务两个领域相结合产生的一个新的模式。其中社交媒体能够带来更大更广阔的平台推动电子商务的发展，并且能够积累大量的消费行为数据，为电子商务的运营带来可参考的依据。

社交媒体的商业价值有一方面是来自于其拥有的海量非结构化数据，是典型的“大数据系统”。用户在社交媒体上的行为轨迹，比如发表文字、音乐、视频、图片等内容，同好友之间的互动等，都会反应用户的个性特征和行为偏好，可以利用大数据分析技术去挖掘其潜在的消费倾向。这对于社交电子商务的发展是非常有意义的。

在社交电子商务中，很多企业为了能够简洁明了地描述用户信息，会利用大数据构建用户画像，而用户信息的数据来源于所有用户相关的数据，用户数据被划分为静态信息数据、动态信息数据两大类。

伴随企业和用户行为而实时产生的社交电子商务大数据，目前已广泛应用在电子商务平台、社交媒体、社交电子商务平台、智能终端、企业内部系统和其他第三方服务平台上。这些大数据中包含与用户相关的数据，比如评论信息、行为信息、交易信息等，还有企业的产品信息等。电商平台可以利用大数据进行个性化推荐等服务。社交电商平台也不例外，可以通过大数据推动平台的发展，利用自产的大数据为用户提供更贴心的服务，将数据服务于人。

2.5 本章小结

我国社交电子商务虽然起步较晚，但是发展速度很快，呈现出自身发展的一些特点，但在发展过程中存在着以下问题：用户信息隐私易泄露、行业管理体制及法律法规不完善、支付系统安全性欠缺、过度依赖上游、市场容量有限、信息分享过度等。为了解决这些问题，提出如下对策：制定行业自律规则和安全审查测评体系、加强立法和标准规范体系建设、不断进行技术革新、实现良好的差异化竞争、突出口碑传播及意见领袖影响力和大数据与社交电子商务相结合。

本部分的研究目的意在通过分析研究，发现并解决我国社交电子商务发展过程中存在的问题，希望能够对更多想要在我国社交电子商务这一领域中发展的人们起到一定的参考作用，能够帮助解决相关的问题。

第3章 社交电子商务总体消费者行为分析

3.1 社交电子商务消费者行为的现状调查

3.1.1 调查目的与内容

本部分调查研究的主要目的是调查社交电子商务环境下消费者行为，主要包括四个方面的内容：社交电子商务网站消费者的行为、对微信中消费者的行为分析、对微博中消费者的行为分析以及影响消费者行为其他因素的研究。对于一项调查研究来说，最主要的是调查问卷的内容与设计。通过对现有资料的分析，设计问卷的具体内容如下：

根据社交电子商务的现状以及研究基础，编制了“用户使用社交电商状况的调查问卷”。问卷包括四部分：第一部分为被调查者的基本信息；第二部分为使用社交电商状况的分析；第三部分为调查网民对社交电子商务市场的支持度和关注力，以及社交电商网络购物的影响因素；第四部分为对发展社交电商的意见。问题围绕着大众对社交电商接受度以及影响消费者的行为因素展开。

3.1.2 调查方法

受现实各种条件的限制，本次调查研究主要借助的研究方法有文案调查法（文献法）、案例研究法、问卷调查法。

首先是文献法，通过各种途径查阅资料，包括纸质书籍、报纸、杂志以及艾瑞网、CNNIC网、电子商务中心、中国知网等，对“社交网站 + SNS”相关的各种研究进行收集，并将收集到的资料信息进行梳理分析，然后得到自己所需要的各种信息。文献法是构建和研究社交化电子商务的基础方法和基础铺垫，为案例研究法和问卷调查法奠定了基础。

其次是案例研究法。案例研究分析旨在选取典型案例“堆糖网”和“蘑菇街”，对其商业模式及盈利方式进行研究分析，并得出社交化电子商务网站的优势及特点，对社交电子商务消费者的行为进行分析。

最后，问卷调查法是本研究主要采用的方法。本次研究根据文献分析以及案例分析，制定出简单的调查问卷，然后进行问卷的发放。其中，主要通过两种方式进行问卷的发放，一是纸质调查问卷的填写和发放，二是通过专业问卷网站“问卷星”和“调查问卷网”，在线发放问卷。

3.1.3 调查过程阐述

本次调查研究主要借助了三种研究方法，文案调查法、案例研究法以及问卷调查法。三个研究方法相互结合，相辅相成，然后对结果数据进行收集分析，从而得到相应的结论。

首先，要查阅资料，并对这些资料进行收集分析，了解社交电子商务发展的基本现状以及存在的问题；然后，通过资料的分析，制定出“社交电子商务消费者行为调查问卷”，在“问卷星”上进行问卷的编辑、填写、推广，并进行问卷回收、筛选、数据收集等，排除无效问卷，对有效问卷中的各个问题进行统计分析，从而了解社交电子商务的现状，分析问题，并给出解决方案。

其中，调查问卷的发放和收集是最为复杂也是最为关键的过程，具体的程序为：首先进行调查问卷的录入（预览、发布）；然后是调查问卷的发布、推广过程；经过几天的推广，调查问卷基本可以进行收集回收了。

截至 2016 年 5 月 8 号 21 点 46 分，共收集问卷 344 份，其中有效问卷 340 份，如图 3.1 所示。

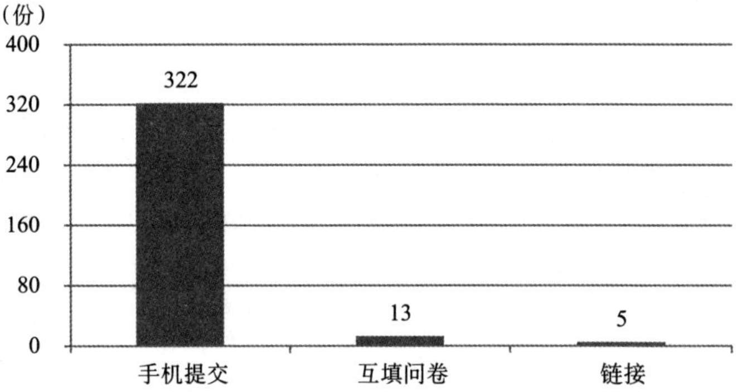

图 3.1　有效问卷来源

本次有效问卷是 340 份，其中男性 165 人，女性 175 人，比例大致是 1:1。由于抽样时坚持随机性原则，结果较具代表性，可以增加数据的可信度。但是，由于受调查方法、手段以及个人朋友圈的限制，年龄和学历如表 3.1 和表 3.2 所示。

根据 2015 年中国社交应用用户行为研究报告（CNNIC）可以发现，网民年龄在 40 岁之下的大致占总体人数的 82.5%，本次调查的人员年龄在 37 岁以下的大致占全部人数的 98%，所以在分析过程中除了分析现有数据外，还需要充分考虑 40 岁以上年龄的基本状况，以确保数据的完整性和准确性。除此之外，受自身条件的限制以及朋友圈的限制，学历方面也有一些局限

表 3.1　　问卷的年龄比例分析

选项	小计（人）	比例（%）
18 岁以下	56	16.47
18－23 岁	180	52.94
24－29 岁	83	24.41
30－36 岁	8	2.35
36 岁以上	13	3.82
本题有效填写人次	340	

表 3.2　　问卷的学历比例分析

选项	小计（人）	比例（%）
初中	28	8.24
中专及高中	62	18.24
专科	64	18.82
本科	168	49.41
研究生及以上	18	5.29
本题有效填写人次	340	

性，但是对最后结论数据的分析影响不是特别大，只需要考虑一下学历低于初中的消费者的情况就可以了。

3.2　社交电子商务中消费者的行为分析

3.2.1　社交电子商务网站消费者的行为

（1）社交电子商务的吸引力分析

本次对社交电子商务网站消费者的行为进行分析研究，主要是以“美丽说”和“蘑菇街”为例，结合 CNNIC、艾瑞网的数据，通过案例分析的方法得出相应的结论。

“蘑菇街”于2011年成立之初便定位于社交电商，但是由于用户习惯、数量等时机不成熟，随后改变经营模式，以导购社区模式为淘宝导流，后又以女性为目标用户群体转型为垂直电商平台。随着社交平台应用不断成熟，2014年，“蘑菇街”再次回归社交电商。但是，本次调查结果显示，以“蘑菇街”为代表的第三方社交网站发展并不是很乐观，网民的接受程度偏低，对消费者的吸引力也较低。从表3.3可以看出，在全部340位被调查者中，浏览过“蘑菇街”、“美丽说”的都不足一半，其中蘑菇街比例为48%，“美丽说”的比例仅仅为38%。当然，“美丽说”、“蘑菇街”的初衷是针对女性时尚，在女性被调查者中，浏览过“蘑菇街”的占68.57%，浏览过“美丽说”的占57.14%，超过一半的女性浏览过类似的社交电商网站。

表3.3　　社交网站对消费者的吸引力分析

选项	小计（人）	比例（%）
蘑菇街	165	48.53
美丽说	130	38.24
本题有效填写人次	340	

（2）消费者对社交电子商务的信任度分析

2016年1月11日，“蘑菇街”和“美丽说”正式宣布合并，社交电商进入新的发展阶段。但是通过调查发现，现在消费者对“蘑菇街”和“美丽说”的接受和使用程度并不能达到预期效果。消费者对于这类网站上发布的信息及宣传推广持怀疑态度，同时由于没有可供参考的优质对象，她们往往很难做出选择。但是，当有人能够为她们的购物提供经验和分享的时候，就会帮助她们进行购买决策，产生购买行为。

通过调查发现，消费者对这些时尚达人的信任度和关注度并不是特别高。在340个被调查对象中，有40.9%的人从不关注时尚达人，有47.94%

的人会偶尔关注这些时尚达人，只有 38 个人会经常性关注时尚达人，仅仅占到全部人数的 11.16%。

3.2.2 对微信中消费者的行为分析

（1）微信朋友圈中消费者行为分析

目前，以社交平台为主的社交电子商务典型代表就是利用微信这一社交平台进行产品销售和推广，其主要形式就是微商以及微信公众号。腾讯推出微信的最初目的就是提供一种熟人社交工具，利用微信可以方便地和朋友互动，增进和朋友之间的感情。2015 年下半年微信的使用率达到 81.6%（数据来源于 CNNIC）。2014 年，腾讯推出的微店以社交平台为入口发展微商。从微商成立之初到现在，微商经历了快速发展，但同样存在着许多问题。在本次调查问卷中，第 7 ~ 14 题是对相关问题的调查，然后依据收集的资料对这些数据进行分析。我们可以在消费者的行为方面给出部分结论。

通过图 3.2 和图 3.3 的数据分析可以知道，在 340 个被调查者中，有 313 人的微信朋友圈中有微商的存在，约占 92.06%，而在即时通信工具中购买过产品的有 133 人，仅占 39%，有超过一半的微信用户从来没有在微信上购买过产品，这充分说明微商的前景并不是特别乐观。

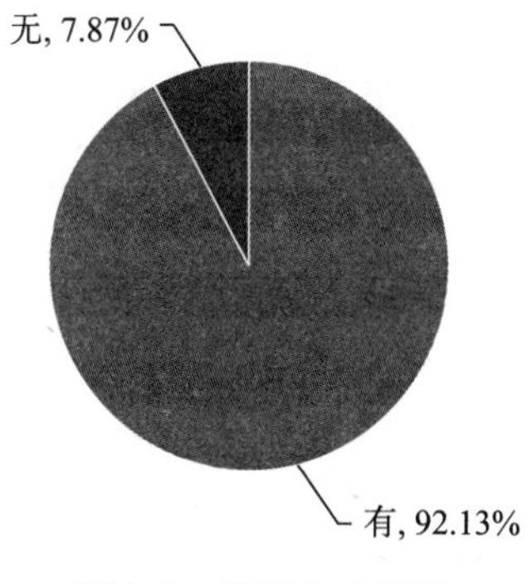

图 3.2 微商存在情况

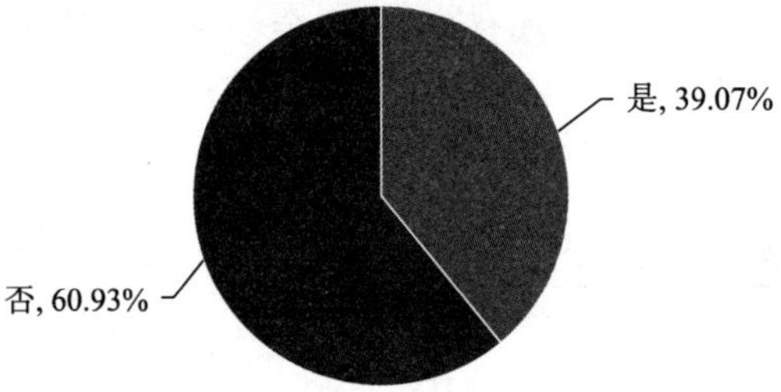

图 3.3　微商使用情况

由图 3.3 可知，有超过一半的人对于微商的接受度并不是很高，原因可以分为以下两个方面：一是对所售产品没有需求；二是不太相信产品质量，同时又觉得售后没有保证，付款等不太安全，当然也存在着其他个人原因，比如说个人更喜欢在正规网站购买，不愿意和朋友涉及金钱往来等。本次调查问卷过程，共有 207 人没有在朋友圈购买过任何产品，约占全部的 60%，其中不购买原因的分布如表 3.4 所示。

表 3.4　　对不在微商处购买商品的原因调查

选项	小计（人）	比例（%）
对所售产品没有需求	77	37.06
不太相信产品质量	121	58.53
觉得售后没有保证	78	37.94
觉得付款等不太安全	44	21.47
其他	43	21.18
本题有效填写人次	207	

其中，有超过 1/2 的人对产品的质量问题不信任，同时也有超过 1/3 的被调查者对所销售的产品并没有需求，同时由于微商是由个人代理，线下并没有实体店，既不能保证产品是正品，也不能保证售后服务的及时性。

微信本是一项熟人社交工具，大部分都是家人、朋友、同学，关系比较亲密，属于强关系。但是，近几年微信和微商快速发展，朋友列表中不单是熟人，还有很多是一面之缘的人甚至是陌生人，这样在付款环节就存在很大的漏洞，没有中间平台的存在，无论是发货、付款都存在着安全隐患。即便是消除这些影响，也有一部分人表示不会在微信小店里购买产品，其中调查结果如图 3.4 所示。

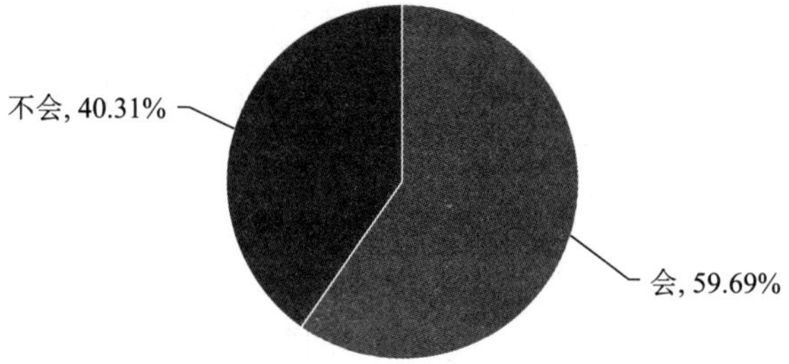

图 3.4　微商使用意愿调查结果

当然也有近 1/3 的人（134 人）曾经在微信朋友圈里购买过相关产品，购买的原因大致有三个：给朋友捧场、觉得物美价廉、真正需要本款产品。其中调查结果如表 3.5 所示。

表 3.5　对在微商处购买商品的原因调查

选项（购买的原因）	小计（人）	比例（%）
朋友销售，给朋友捧场	38	28.57
觉得产品物美价廉	38	28.57
真正需要本款产品	49	36.84
其他	9	6.02
本题有效填写人次	134	

由于消费者在微商处购买的商品种类多为鞋帽服饰零食商品，答卷显示出相似的消费倾向（见表 3.6）。

表 3.6　对在微商处购买商品的种类调查

选项（购买产品种类）	小计（人）	比例（%）
食品类	61	45.86
书籍类	25	18.8
电子产品类	23	17.29
鞋帽服饰类	83	61.65
其他	30	22.56
本题有效填写人次	134	

（2）公众号中消费者行为分析

除此之外，随着用户对微信公众平台的认可度越来越高，越来越多的企业和媒体建立微信公众号。在公众号上，用户可以及时了解新闻热点，获取资讯和知识。本次调查问卷对公众号的问题也做了简单的了解，在 340 个被调查者中，约有 60% 的人关注过企业的公众号，如图 3.5 所示，其中对于企业推送的各种广告信息，有 262 人会偶尔浏览，有 35 人会经常浏览，约占总体的 87.35%，只有 43 人没有注意到企业推送的消息。不同消费者，对于企业公众号的关注点不一样，具体情况如表 3.7 所示。

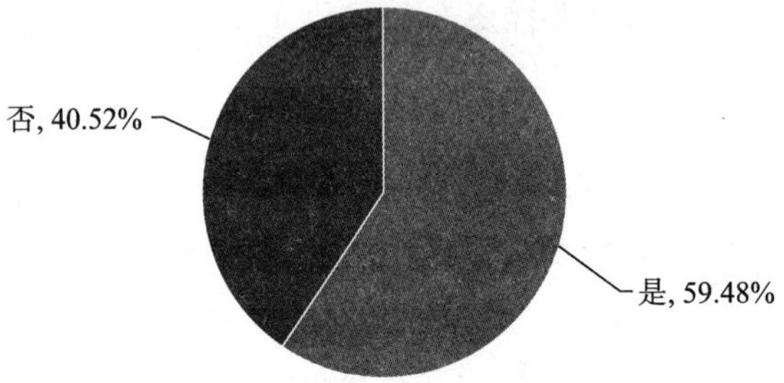

图 3.5　微信公众号使用情况

表 3.7　　消费者对公众号的关注点

选项	小计（人）	比例（%）
促销信息（如品牌闪购、特价秒杀等）	120	35.29
公众号的业务功能（会员积分等）	64	18.82
每天推送的新闻消息	104	30.59
什么都不会关注	52	15.29
本题有效填写人次	340	

3.2.3　对微博中消费者的行为分析

注重社交网络的电子商务网站包括门户及垂直媒体和 SNS 社区以及微博。本小节主要是以微博这一社交平台的消费者行为为主要依据，对其进行调查分析。对于企业而言，微博营销已经成为现代企业营销的一个重要组成部分。微博上的每一个用户或者粉丝都会成为企业的营销对象，企业可以通过微博向用户和粉丝传播企业产品及品牌信息，进行品牌的建立和推广，树立良好的企业形象。

2015 年微博发布的第三季度财报中显示，截至 2015 年 9 月 30 日，微博月活跃用户数（MAU）已经达到 2.12 亿人，较 2014 年同期增长 48%，占到总网民的近 1/3。微博用户群是中国互联网使用的高端人群，这类用户群具有对新鲜事物最敏感和在互联网上购买力最强的特征。但是，调查显示，企业通过微博平台进行营销，购买比率较低，就会认为消费者的购买意愿并不是特别明显。微博是娱乐性质的社交工具，通过问卷调查，结果如表 3.8 所示。由此可知，在微博平台上，微博用户群更多关注的是朋友同学，占到 76.76%，然后是明星歌手、同事，也有 1/3 的人关注了兴趣相投的时尚达人，但是有极少数的人会关注企业的官方微博，在调查的 340 个对象中，仅仅有 24 个人关注了某些企业的官方微博，占到总数的 7.05%。

表 3.8　　　　微博用户的关注对象

选项	小计（人）	比例（%）
朋友、同学	261	76.76
同事	115	33.82
同城、同校的陌生人	53	15.59
明星歌手	121	35.59
兴趣相投的时尚达人	103	30.29
企业官方微博	24	7.05

调查显示，基本上每一个企业都有自己的官方微博，聚美优品官方微博的粉丝数为 513 万人，聚美 CEO 陈欧的粉丝量为 3 826 万人；小米公司的粉丝数为 1 079 万人；OPPO 的粉丝数为 1 110 万人；上海大众的粉丝数是 179 万人；长安汽车的粉丝数达到 230 万人。一些不知名的中小企业的粉丝数基本达到了千人左右。德州扒鸡股份有限公司的粉丝量为 1 860 人，德州乡盛（五香扒鸡）食品的粉丝数为 3 298 人，排除企业知名度因素之外，企业官

方微博内容设计与更新也是影响粉丝数的一项重要因素。上海大众和长安汽车同样是国内知名的汽车销售品牌，但是粉丝量相差 50 多万人。长安汽车微博更新可以达到每天一篇，而在 6 月 10 日、11 日两天微博更新了 7 篇来宣传英雄会“封”云录活动，从而对长安汽车的性能、优势起到了宣传作用。上海大众微博更新的数量比较少，一般情况下是一周更新两三篇。当然，微博内容的设计是影响微博用户行为的关键因素。同长安汽车相比较，上海大众的微博存在明显的劣势。上海大众微博内容大致分为三种类型。第一种是纯娱乐性质的，占到 30%。第二种是纯宣传性质的，内容如图 3.6 所示。第三种是促销、活动式的微博，仅仅占到全部的 10%。长安汽车的内容多数是促销、抽奖等活动，还有一些纯宣传性质的微博，但是内容比较有新意，如图 3.7 所示。

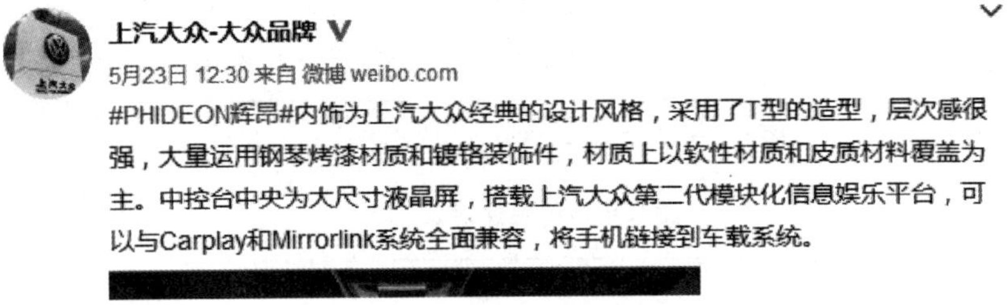

图 3.6　上海大众的微博营销

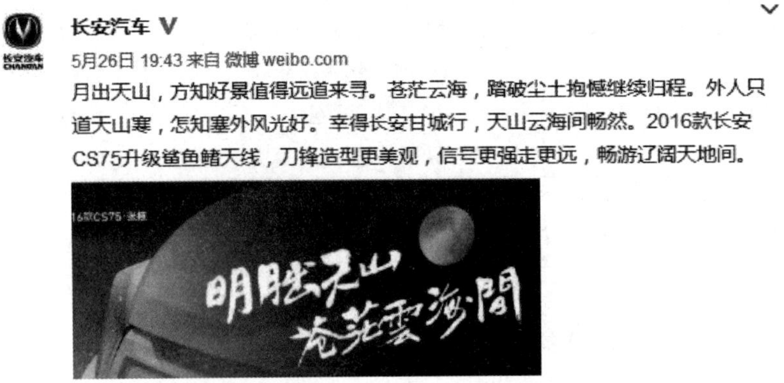

图 3.7　长安汽车微博

3.2.4 对消费者行为其他方面的研究

对于消费者而言，不仅仅是需求影响行为，不同的成长环境、学历等外界因素也是影响其行为的因素。消费者所处的不同社会阶层在行为、态度及价值观念等方面存在较大的差异。良好的教育可以提高一个人的素质，而学历是体现教育最直接的表现。

本次调查问卷中，有 340 个人填写问卷，有初中生、高中生和本科生等。通过对比发现，不同学历的人对社交电子商务这一概念的认识度不同（见图 3.8）初中生受教育的程度比较低，对社交电子商务的认知度比较低，有超过一半的人从来没有听说过社交电子商务；学历为研究生及以上的被调查者则有 81.82% 的人听说过社交电子商务。

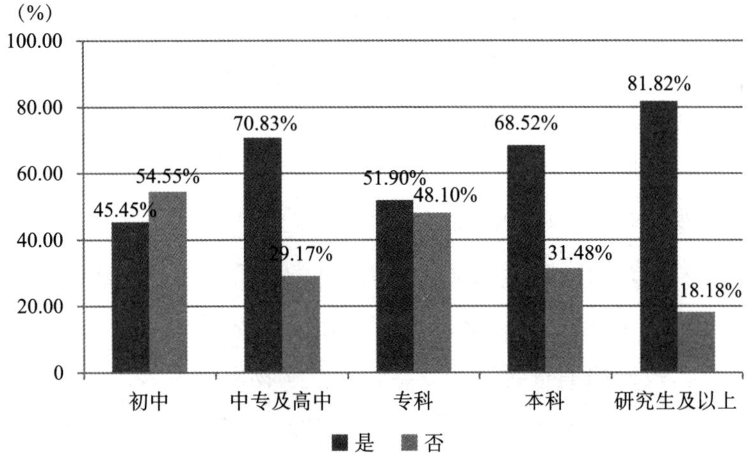

图 3.8 学历对消费者的行为影响

3.3 基于消费者行为分析的社交电子商务发展存在的问题

3.3.1 消费者的接受程度不高

无论是微博、微信，还是 QQ、“人人”，他们本身就属于娱乐性质的社交平台，在这些平台上进行产品的宣传和销售，本身就不受用户的欢迎，甚至不恰当的营销方式会引起用户的反感，起到反作用。以微博为例，用户更希望关注的是朋友、同学、娱乐明星等，而对于一些企业的官方微博，极少人会主动关注。通过调查发现，有近八成的人表示从不会关注企业官方微博，而有超过一半的人表示当发现微博出现营销信息时会产生厌烦心理，甚至会取消关注。消费者的这种抵触心理直接导致社交媒体同电商平台结合发展遇到难题。企业、个人是否利用社交媒体进行宣传，企业如何利用社交媒体进行营销活动也成了难题。

同时，消费者对社交购物网站的认知程度也不高。通过对消费者行为进行调查可以发现，网民对于社交电子商务的认知度并不高，只有四成的人听说并浏览过“美丽说”、“蘑菇街”等社交网站，极少数在这些网站上购买过商品，较低的消费者认知度导致社交购物网站发展缓慢。在购物的选择方面，消费者的首选是淘宝，其次是京东、国美、苏宁、聚美，但是极少有人会主动选择“美丽说”、“蘑菇街”，而像堆糖网这样的网站选择的人更少了，所以提升网站的知名度，加大宣传力度是购物社交网站成功的前提。

3.3.2 消费者安全无法保障

电子商务实际上就是进行网上的在线交易，当利用社交媒体开展电子商务时，安全性因素就成了首先要考虑要素。当有中间商或者第三方存在时，无论是消费者还是企业，权益都有一定的保障。但是，利用社交媒体进行产品的销售，尤其是个人开展微商，安全性存在着很大的问题。首先是支付存在缺陷。淘宝网中企业和个人之间存在着第三方平台来约束双方，从付款、发货、收货、确认付款都有保障，但是微商不同。腾讯公司只是提供了一个平台使双方进行交易，但并不参与交易过程，对销售产品的好坏、货物的接收、货款的接收都没有明确的规定，交易的安全不能保证，所以安全性也是制约其发展的一个重要原因。

另一方面，法律法规的欠缺也导致消费者的权益无法得到保障。没有明确的法律来规范商家的行为，对商家的产品质量问题、售后服务问题、退换货问题等都没有明确的规定，消费者权益受到侵害时无“法”可依，这样就导致部分消费者对社交电子商务存在着较大的顾虑。

3.3.3 个人微商暴力刷屏引起消费者反感

消费者对某些个人微商的营销方法存在反感心理，主要是因为他们使用了不当的营销方法。对于进行企业产品代理的个人微商，大部分会认为只要在微信群、微信朋友群或者 QQ 群、QQ 空间大量地发布商品信息，用户就可以接收到并产生购买行为，因此造成了简单粗暴的刷屏行为。

我们现在使用的无论是 QQ、微信还是微博等都是以社交平台的形态出现的即时通信工具，在这些平台，许多用户都是使用碎片化时间对朋友的发布的信息进行了解，并希望能够看到感兴趣的内容，因此个人微商在这些平台上发布产品信息和广告信息的时候，一开始其他用户可能会引起兴趣，但是如果进行反复、粗暴的刷屏，就会被反感，甚至有些用户会将发布信息的人屏蔽与删除。

3.3.4 平台的不充分利用导致消费者满意度较低

一些网民拒绝关注企业的官方微博和官方微信，主要原因就是企业对微博、微信等社交媒体的运营欠缺了解，没有充分利用平台。对于某些企业来说，单纯把这些平台作为营销的一种手段，仅仅利用这些平台进行产品宣传和销售，忽略了一些其他功能。一些航空公司在公众平台的建立方面比较领先，以南方航空为例，可以进行超值预定，包括机票预订、度假预订、酒店预订等，还可以进行与航空有关的业务，包括办理登机牌、查询航班动态、里程查询、付费选座等，还有一些礼品的赠送和促销活动的参与。一些其他的企业在公众账号的建立过程中忽略了这些业务功能，与粉丝的互动也并不是特别密切。以上海大众为例，公众号只有信息推送功能，每天进行产品信息的推送，并没有其他任何的业务功能，也没有与粉丝的互动过程，所以公众号粉丝的满意度和关注度并不是特别好。

3.3.5 企业过度重视营销而忽略消费者质量

不少网民关注了企业的官方微博或公众账号，但是通过微博来购买产品的概率比较低，一方面是因为消费者对平台的不信任，另一方面是因为企业盲目追求营销忽略了消费者的感受。现在微信公众账号功利性太强，单一性的强制推送方式引起了不少客户的反感，尤其是一些小的企业没有专业的营销团队，缺少专业的文案编辑人员，在利用微博微信营销的过程中，每天强制性的推送企业的产品信息和一些其他的营销信息，没有其他能够吸引消费者的信息，这样会引起粉丝的反感，不仅仅达不到预期的营销效果，还可能导致粉丝的流失。

到目前为止，微信公众平台已经成为具有超过600万企业和个人注册的完整的生态体系。但是，一些企业盲目追求粉丝的数量而忽略质量，导致粉丝转化成消费者的转化率较低，营销效果不明显。

3.4 基于消费者行为分析的社交电子商务发展对策研究

3.4.1 提高消费者对社交电子商务的认识度

（1）加大宣传力度以提高网站知名度

社交购物网站发展比较缓慢曲折的主要原因是网站的宣传力度不够，知名度不高。对于初中生，高中生来说，对其的认知度更是远远低于平均水平。所以，企业应该通过多种途径宣传自己的网站，可以通过网络广告、病毒式营销等方式来宣传网站，并通过和知名网站合作增加网站的点击量，以提高网站知名度。

（2）学会创新以提高竞争优势

社交电子商务网站的本质都是通过社交化的手段进行网站中商家产品的销售。但是，以“美丽说”、“蘑菇街”为首的社交电子商务网站并没有充分利用“社交”这一优势，而是逐步向综合性网站迈进。所以，网站需要采取各种方式充分发挥社交的优势。除此之外，我们知道消费者对于网站上的时尚达人的信任度并不高，而且还有很多时尚达人的时尚信息存在着虚假水分，这更导致了消费者信任度的缺失。网站作为第三方的平台，可以拥有自己专业的时尚达人团队。首先将产品进行划分筛选，拒绝质量差的产品，然后对网站消费者进行市场细分，真正了解其需求，再由自己专业的时尚团队推荐能够满足需求的产品。这样，既能够更好地为消费者提供服务，又可以为商家增加销量，达到三方的共赢局面。

3.4.2 采取措施保证消费者的交易安全

发展社交电子商务，必须要消除潜在消费者的顾虑，这就需要社会各方面的努力。

（1）国家完善法律法规

首先，我们要完善立法，立法是根本，只有拥有一套健全的应对现阶段电子商务发展新势态的法律体系，才能使电子商务的应用更加规范，电子商务的发展才能蒸蒸日上。细究我们现阶段的法律，关于网络购物的相关法律条款相对较少，更别提刚刚兴起的社交电子商务的相关立法了。现阶段我国的首要任务是尽快出台《电子商务法》，只有建立健全的法律体系，才能更好地去约束买卖双方，才能更好地监管市场活动。在基本的法律体系形成后，再根据社交网站所特有的性质与要求补充相应条款，最终做到有法可依，买卖双方可以公平、透明地交易，从而保护买卖双方的利益。

（2）第三方平台负担起监管义务

微信、微博、陌陌等第三方社交平台应该担负起监管的责任，为交易双方提供安全交易的保障，保障用户的利益不受损。社交网站是虚拟的，没有实体店面作保证，更没有像京东、阿里巴巴一样的完善的平台做保障，所以购买的风险很大。同时，作为社交网站，社交软件具有开放性，对注册的用户也没有一定的监管，经营的种类与安全性也无法进行排查和监控，这会增加交易监管工作的难度。虽然这是一个十分开阔并充满商机的平台，但同时也是最危险的，因此社交网站的监管就起到了至关重要的角色，只有将交易活动监管起来，才能为大家提供一个安全放心的购物环境。所以，建议社交网站对交易双方都进行监管，发生投诉、举报等情况时，一定要进行深究，以保护交易双方的权益。

(3) 引入第三方交易平台

可以学习淘宝的运营模式，引入第三方交易平台以保证消费者交易支付的安全。现阶段的交易情况存在很多弊端，尤其是微商，目前都是交易双方直接进行转账，并没有对对方的身份进行认定，这样的交易方式存在很大的弊端，给监管工作带来了很大的困扰，如果有第三方交易平台的介入则会相对安全一些。经过对现有的第三方交易平台的研究可以发现第三方的监管模式，社交平台也同样适用，如果引入第三方支付平台可以将交易双方通过第三方交易平台联系起来，同样监管整个交易活动。首先买方将款打入第三方平台，第三方平台通知卖方可以发货，款项则由第三方暂时保管，等到买方确认收货后再由第三方平台将货款转入卖方账户，这样可以有效确保资金的安全，确保交易双方的权益。

(4) 商家提高自我监管意识

目前，微商、微博等社交电子商务快速发展，一些后续的监控措施缺失，这就需要商家提高自我监管意识，不出售虚假产品，尤其是对于个人微商，国家的法律更是鞭长莫及，所以需要加强行业自律。每一个商家都要有自己的行业标准，既包括产品质量标准，又包括一些售前、服务、售后标准，企业应该遵循标准进行产品的销售，给消费者提供放心的消费环境。

(5) 相关部门加大监管力度

工商、消费者协会等相关部门也应该加大监管力度，有了法律的保障后，执法也是必不可少的，执法的力度也同样是交易顺利进行的保障。社会的相应组织机构应与社交网站相配合，只有内部外部结合起来才能发挥出最佳的效果，配合的方法可以通过对账号进行登记、对有举报和投诉的账号进行查封并联合公安部门依法处置、对进行网上交易的用户进行商品登记与排查等，争取做到执法必严，最终达到社交网站交易活动没有欺瞒，用户拥有一个安全放心的交易环境。

3.4.3 个人微商提高服务意识

(1) 避免朋友圈微商乱象，防止暴力刷屏

个人发展微商，最主要的是增加顾客的信任度。在微信朋友圈之中大部分都是熟人朋友，因此宣传起来信任度比较高，但不要进行暴力刷屏，给好友带来不便，甚至带来反感。所以，微商宣传产品时要有一定的方式和技巧。首先，要在合适的时间内发布信息，每天发布一条或者两条信息，避免过多的信息被微信好友或者潜在消费者屏蔽。其次，可以在自己的微信朋友圈转发一些能够引起共鸣的文章，比如幽默的小故事、具有专业知识的文章或者温暖感人至深的文章，把这些文章分享到朋友圈后可以有较高的转发量，自然能吸引更多的用户关注。有了较高的关注度，才能更好地进行产品的宣传和销售。

(2) 突出产品的个性化，满足消费者个性化需求

年轻一代是互联网环境下新媒介的主要使用者，而且他们的购买能力、接受度普遍高于普通的网民。这个年龄段的用户喜欢探索和接受新事物，崇尚个性，思维活跃，所以在产品的宣传和销售过程中要个性化，这样才能引起他们的兴趣，受到他们的关注，从而增加销量。

(3) 提高售前售后服务，提高消费者对产品和个人店铺的信任度

通过调查发现，大部分人不在微信上购买产品的原因是对微商的不信任和服务的缺失，所以个人开展微商时提高顾客的信任度是关键。个人在销售产品时，可以将产品的来源进行说明，对产品的品质有一个保证，这样才会消除消费者对产品的顾虑，同时要对产品的服务进行保证。在产品销售之前，要将产品的使用、注意事项进行说明，售后也要提高服务，对于不合格产品的退货，以及某些产品的三包政策都缺一不可。只有这样，才能提高顾客的信任度。此外，良好的服务态度对店铺的宣传页起到决定性的作用。

3.4.4 企业充分利用平台提高满意度

首先，企业应该建立微信公共账号，提高买卖双方互动。因为消费者对信息的需求具有多样化特征，所以商家在建立微信公众号时，可以在公众号里经常发布一些自己产品的新动态，新动态、新产品会给顾客带来不一样的体验，同样也可以刺激消费。同时，也可以在公众账号里与顾客进行互动，这样既可以得到产品使用后的一些反馈，也可以增加顾客的好感度。除此之外，商家还可以利用公共号进行售后服务，使顾客在购买后仍然可以享受周到的服务，从而吸引顾客再次购买的欲望。

其次，企业要完善业务功能，提高服务意识。现在基本每一个企业都有自己的订阅号来进行产品的宣传，树立企业形象，但并不是每一个企业都是成功的。调查发现，关注企业公众号的网民对业务功能的要求更高一些，但是多数企业都不能满足消费者想要的业务功能。所以，企业需要充分了解消费者的需求，根据需求在公众平台上完善业务功能，比如提供微信预约功能，或者企业相关业务的办理等，以更好地服务消费者，吸引更多粉丝的关注。

3.4.5 企业改变营销策略提高用户满意度

（1）细分消费群体

如今，90%的网民在使用微信，对于企业来说，每一个微信用户都是潜在的消费者。这一巨大的群体中每个人的生活环境、社会地位不同，对产品的需求也存在差异，所以企业需要通过市场细分来做出更加精准的定位。首先，企业需要对自身产品有一个准确的定位，分析出产品的优势、劣势，然后根据产品的定位找到合适的营销手段。除此之外，还要对客户群进行细分，然后针对目标客户制定针对性营销方案。最后，在顾客购买后也要经常对其进行售后服务，了解自己商品的反馈信息，这也是培养用户继续购买的一种方式。

（2）利用社交媒体与消费者进行互动

利用社交媒体提升用户服务，增加互动，从而取得粉丝的支持和信任。对于企业而言，单纯利用社交媒体进行产品信息的宣传和企业形象的宣传是远远不够的，更需要企业将社交媒体作为一个为消费者提供24 * 7 服务的平台。消费者可以通过社交媒体方便、快捷地联系企业，反映情况，发表意见。对于企业而言，就需要通过社交媒体增加与消费者或者粉丝的互动，提升用户服务，从而取得粉丝的支持和信任。首先，企业必须对消费者的反馈、意见及时作答，做好追踪服务，以获取第一手反馈信息，从而不断改进自己，提高用户满意度。其次，可以充分利用社交媒体所提供的诸如转发的功能，鼓励用户将企业的营销信息向外推荐，进行产品或品牌的推广。最后，要增加对潜在消费者的服务。对于已经对品牌或产品产生倾向的潜在消费者，应主动消除其对产品的疑问与犹豫，加强对产品特性的介绍与推荐。对于尚未对品牌或产品产生倾向的潜在消费者，应主动挖掘其需求并通过满足这种需求来提高其对自己产品的信任度与好感。

如今，各种公众号都开始“圈粉”，如长按图片就能配对有缘人、关注即送会员账号、关注即可在线占卜等。一旦关注后就会每天不断地发一些小文章，有的写美食、有的写旅行、有的写心灵鸡汤，但读到最后就会发现都是营销软文，这种被欺骗的“暴力营销”，使得整个微信乌烟瘴气。企业发展微信营销可以从整体的运营模式入手，而不是将其作为单一的营销手段。因为强制营销会使顾客反感，不如将其改为系统而完善的运营模式，通过为顾客提供优质的服务和高品质的享受，让顾客在购物中体会物超所值的感受，这样才会更加吸引消费者。

（3）掌握发布广告的技巧，有效植入广告

虽然现在的社交媒体平台如微博、微信等进入门槛都很低，而且操作简单，但如果企业想利用社交媒体进行营销，并取得良好的营销效果，仅仅依靠个人利用闲暇时间在微信或微博上发几条产品信息是远远不够的。企业在发布营销信息时，措辞不能够太直接，要尽可能把广告信息巧妙地融入有价值的内容中，而且营销信息要有一定的隐蔽性，这样才能提高转发率，达到想要的营销效果，同时，发布的信息内容不要有太多纯宣传性质的信息，否则会引起粉丝的反感，使得营销取得反效果。

同时，营销团队可以根据热门话题设计出新颖且引人关注的推广内容，只有发布的信息引起关注，才能达到预期的营销效果。企业利用社交媒体去做营销时要善于利用热点话题，而且要有原创性的内容，这样才会引起粉丝的关注和转发、评论。可以从三个层次考虑：即“我听见你的声音”（倾听）、“我在听你说”（持久的关注）、“我明白你说的”（互动及解决问题的方案），从而逐步实现营销目的。

（4）结合O2O发展，提高用户体验

社交化电子商务的发展面临的最大问题是用户的相互信任度不高，以至于顾客有所顾虑，而增设O2O发展模式，将线上社区与线下社区相结合，是发展社交电商的一个趋势。O2O是一种新兴的商业模式，与传统的电子商务相比，无论是从消费者角度出发，还是从商家、电商平台出发，都存在明显的优势。而社交化电子商务同O2O相结合，既有社区化的优势，也有线下电商的优势。以“美丽说”为代表的社区化电子商务是将具有相同兴趣的人或者消费者聚集在一起形成一个个社区，一个社区内所有消费者的消费行为都具有一定的重合性，产品需求都有一定的类似性。如果可以通过O2O相结合的模式，在线上展示商品和服务，实现支付，而在线下实现消费体验，则不仅使消费者进行多方位对比，可选择性增强，而且降低了消费成本，对商家来说可以增加销量，达到预期的营销效果。

另一方面，一些大型的企业在利用微博、QQ、人人等社交网络进行营销的时候，可以定期组织粉丝或者消费者进行同城的线下免费活动以体验产品的性能和优势，或者将产品邮寄到消费者家中进行体验，然后体验者回到线上将体验结果上传到社交媒体，这样不仅提高了消费者的满意度和体验度，还通过线上社交媒体起到了宣传的作用。其实。O2O 的核心是区域化，既包括服务的区域化、产品属性的区域，也包括价格的区域化。将社会化电子商务和 O2O 模式相结合，可以将社会化电子商务进行区域化、同城化，因为同一地区的消费者消费观念、文化和产品需求更具有相似性。通过社交电子商务同城化、区域化，才能更好地进行线下体验，使得销售活动顺利进行。

3.5 本章小结

Web2.0 概念进入中国，交互性思想深入人心，尤其是近几年来，社交媒体和电子商务相互结合，而且发展势头良好。

经过调查分析发现我国基于消费者行为分析的社交电子商务发展存在的问题有消费者的接受程度不高、消费者安全无法保障、个人微商暴力刷屏引起消费者反感、平台的不充分利用导致消费者满意度较低、企业过度重视营销而忽略消费者质量等。为解决这些问题，可以从提高消费者对社交电子商务的认识度、采取措施保证消费者的交易安全、个人微商提高服务意识、企业充分利用平台提高满意度、企业改变营销策略提高用户满意度等方面入手。当然，社交化电子商务不止包括微博、微信，也包括利用 qq 邮箱、人人社区进行营销。

第4章
基于微信的社交电商问题与对策研究

4.1 研究概述

4.1.1 研究背景与意义

随着移动互联网的快速普及，智能手机早已进入寻常百姓当中，据中国互联网络信息中心统计，截至2015年6月，我国手机网民已达5.94亿人，移动智能手机的高速发展带来了新的商机，也改变了人们沟通交流的方式。2011年腾讯推出的新款即时通用软件——微信彻底占据大多数智能手机的实用软件份额。随着微信的不断发展，出现了一种基于微信的社交电子商务模式，商家通过微信提供的平台完成产品展示销售、营销、客户沟通、确认订单等。无时间限制、进入门槛低、无须投入大量资金成本、简单便捷，这都为基于微信的社交电商提供了飞速发展的前提。

微信现在并不是一个简单的即时通信工具，它早已脱离了单一的社交功能属性，逐渐向着电商化、多元化、生态化的方向发展，伴随着国内移动互联网快速发展的智能手机的广泛应用、网络的普及、市场环境的相对稳定以及相关政策的大力支持，许多公司开始探索微信社交电商领域。我们要重新定义微信电商的特殊性以及其产生的生态价值。基于微信的社交电商正处于高速的发展阶段，它也将是未来电商商业模式的一种发展方向与趋势，充满了机遇与挑战。

4.1.2 研究内容

通过对基于微信的社交电商模式存在的问题进行深刻探究，归纳总结其模式当中存在的不足与缺点，并找出相应的对策进行应对，对于探索未来微信社交电商的发展方向及微信生态体系的良性发展都具有积极的现实意义，更为企业或者个人如何合理利用微信社交电商资源提供了理论依据，同时由于其较强的开放性与产业链生态效应，正在成为许多大学生创业的首选方向，对于充分贯彻“大众创业，万众创新”的指导方针具有较强的促进与推动作用。

4.1.3 相关理论概述

（1）微信的产生和发展

微信是腾讯在 2011 年推出的一款免费即时通信软件，微信支持在不同操作系统（安卓、ios 系统）通过移动设备（手机、平板电脑等）传递语音、视频、图片和文字等信息，同时还可以使用微信提供的“摇一摇”、“扫一扫”，“漂流瓶”等附加功能。艾瑞咨询报告显示 2015 年第一季度微信活跃用户近 6 亿人，使用语言超过 20 种，有超过 800 万的微信公众号用户，微信支付用户已经达到4亿人左右（见图4.1）。

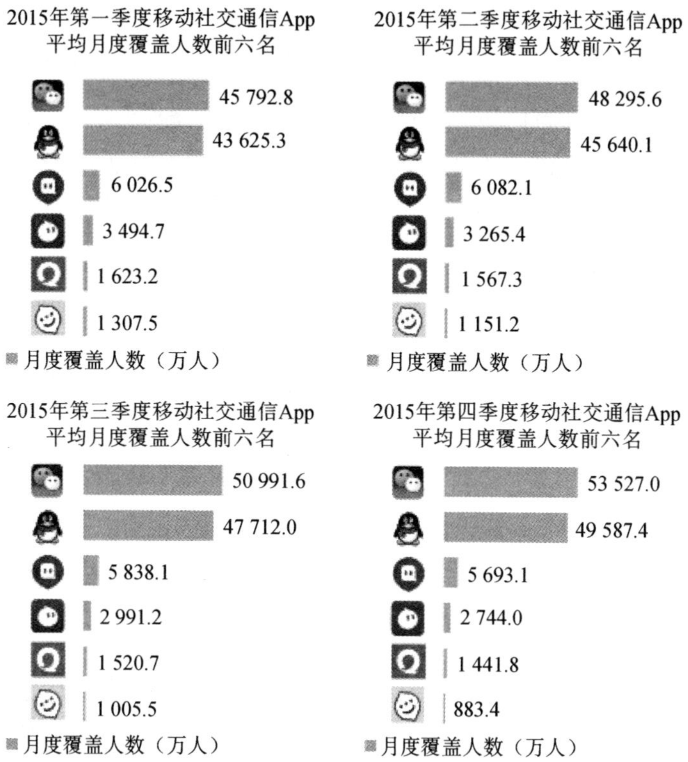

图4.1　2015年第一季度至第四季度移动社交通信App平均人数前六名

（2）微信主要功能生态体系简介（见图4.2）

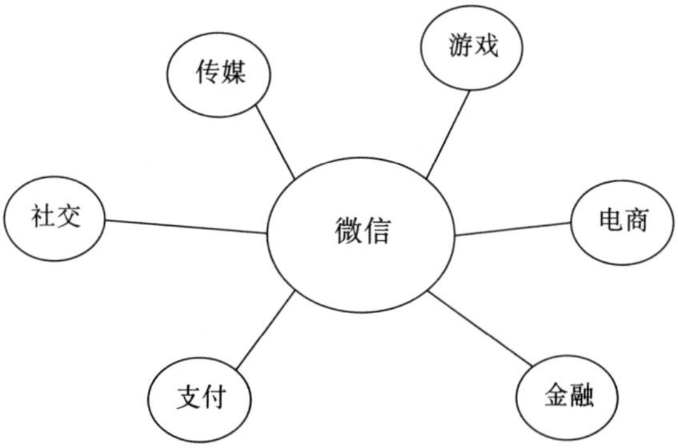

图4.2　微信生态体系

①社交。社交主要包括微信即时通讯功能，如二维码、摇一摇、语音对讲、朋友圈等。

a. 二维码。微信应用程序允许用户自己制作个性化的二维码。你不需要手动添加好友，其他微信用户只需要通过内置读码器便可以扫描二维码，你可以添加你自己的朋友。如果你想找到你的二维码，只要打开应用程序“我”标签，选择“我的二维码”。

b. 摇一摇。如果你想认识一些微信新朋友，你可以摇动手机，随机发现一些新的朋友。如果你对下面的一个“摇一摇”手机用户感兴趣，就可以向他们发出邀请，并成为朋友。实现“摇一摇”功能，需要设置位置服务功能。

c. 语音对讲。微信提供了“在线聊天”的语音对讲功能。用户可以实时与朋友进行对话，并实时调用语音消息。此外，用户也可以在微信群进行语音聊天，只要打开语音功能，点击“群聊”，便可以进入聊天功能。

d. 朋友圈。朋友圈是指在微信上通过一些渠道认识并添加为好友而形成的圈子。据统计显示：与朋友分享的主要内容是心情（19.6%）、照片（18.7%）、生活点滴（15.9%）、食品（10.3%）、阅读份额（10.3%）、旅游（7.5%）、音乐分享（3.7%）、视频分享（4.7%）、其他（9.3%）。

②传媒。微信传媒主要分为两类：一类是以本身自带腾讯新闻所进行的定时定期新闻推送。另一类是自媒体，也被称为“公民媒体”或“个人媒体”，是以信息传播为主的媒体组织，由传统的“点到面”的传播，到“点对点”的对等传播。腾讯公布其微信官方公众账号已超过1 000万个。目前，主要有三种类型：订阅号、服务号和企业号。

③游戏。微信游戏是基于微信互动游戏的开发平台。微信游戏实际上是基于微信、QQ账号的游戏系列，该系列将包括“节奏大师”、“天天爱消除”、“酷跑的每一天”、“每日秀斗”、“欢乐斗地主游戏”等。腾讯微信具有强大的用户基础，较强的社交能力，因此可以将社交和游戏相结合，完善游戏的社会生态链。

④电商。微信与电子商务的结合，形成了基于微信的新的电子商务模

式。2014 年 3 月 10 日，腾讯与京东达成战略联盟，通过股权投资和业务合作共同发展电商业务。此外，还在微信钱包中为京东设置了一个次入口，起到了较好的引流作用。同时，微信还接入了美团外卖、唯品会特卖、“蘑菇街”等平台。

2015 年 2 月 17 日，女性购物网站“美丽说”在微信端正式开放了购物入口，成为继大众点评、滴滴打车、京东的微信后第四个三方服务接口。“美丽说”可以通过微信接口导入大量用户，并通过微信巨大的用户群来推广自己的品牌。不仅如此，微信还开放订阅号、服务号，为用户提供一个更为开放的自由、平等的创业环境。

⑤金融。2014 年的春节晚会使得微信红包在几天时间内完成了支付宝十年多的绑定，而且宣传成本几乎为零。微信金融增加了社交属性，腾讯理财通和余额宝类似，客户可以绑定银行卡，并通过快捷支付将银行卡中的现金存入理财通，腾讯通过将资金投资于货币市场基金来实现稳定的收益，一般年化收益率为 3% ~5%，随取随拿，购买方便，收益每日定量，简单明了，成为微信理财通最为亲民的市场表现，取得了广大用户的认可。从市场表现来看，微信理财取得了良好的反应，从侧面也反映了微信生态系统内部微信理财独特的生态优势，即社交人群频繁往复的基于社交的金融需求。

⑥支付。在电子商务系统流程之中，资金流是必不可少的。因为支付宝后面背靠阿里、淘宝，使其积累了庞大的用户群，占有了绝对的市场地位，但经过 2014 年的微信红包后，微信成功完成了反击，也成就了微信支付今天的地位。微信是集成在微信客户端的支付功能，用户可以通过手机快速完成支付的过程。基于银行卡的快捷支付绑定微信支付，提供安全、快捷、高效的服务。进入微信应用，点击“查找”菜单，然后扫描相应的商品，商家便可以获得产品信息和商品购买页面。

（3）基于微信社交电商理论概述

微信社交电商是指企业或个人基于微信生态体系而进行开店的一种新型电子商务模式。

微信社交电商分为以下三类：

①C2C 社交电商模式。C2C 社交电商模式主要是借助微信朋友圈、微信群等向用户展示商品信息、推荐商品和品牌。

②官方合作 B2C 社交电商模式。以京东、大众点评，“美丽说”为代表，它们都是腾讯入股后获得相应位置接口，通过与微信的深度合作，获得微信特殊位置的链接，以及微信支付等权利，利用微信庞大的流量以及良好的用户体验来实现商业合作。

③微信公众号社交电商模式。以各类微信公众号为基础而建立的品牌商城，通过与微信公众号的无缝连接，在微信公众号当中开展营销业务。商家可以通过公众号推送相关文章，以达到相关阅读量从而增加其平台粉丝量。

微信社交电商的优势包括以下三点：

①微信是维护与管理客户的有效工具。微信公众平台和很多基于微信的第三方电商平台能有效地对用户实现分组管理，而且微信属于即时通信工具，能够实现实时沟通，并具有私密性，可进行点对点的沟通。因此，基于微信的电商卖家可以利用微信进行移动端的客户关系管理。比如，一个顾客购买了微店的商品后关注了商家的微信公众号，就会被添加到后台系统中，建立一种双向持久的连接关系。商家可以通过文章推送等方式为用户提供有价值的、用户关注的信息，从而提高用户的黏性和忠诚度。如果用户对商家推送的信息非常认可，还会产生分享等推荐行为，带来新的用户。

②微信易于开展目标群体销售。微信朋友圈属于生活和工作上的熟人之间的强关系，所以微信用户与他们的亲密朋友的信任和影响超过其他社交媒体。这给企业带来机会。如果在微信上成功地开发了客户，那么在对客户进行正确引导后，便可以吸收他身旁的一批人成为客户。在同一生活背景下，由于工作等关系，消费需求和消费特点存在着相似性，让客户可以很容易地使周围的人引起情绪共振，并引导他们消费相同的属性。同时，微信基于位置的服务定位功能可以寻找潜在客户。根据实际距离将客户划分为近距离和远距离，微信通过三级全覆盖的全方位立体网络优化营销资源，实现精准营销。

③微信能够提供个性化服务。微信拥有大量的用户行为数据来实现个性化的服务。微信有用户基础庞大的用户群，具有很高的活性。据相关统计数据显示，朋友共享传输次数累计超过一亿次，用户上传的图片每天超过一亿幅，微信已经成为分享朋友之间信息的主要形式。

4.2 基于微信的社交电商发展现状

4.2.1 基于微信的社交电商总体现状调查分析

为了真实的了解微信社交电商的生存现状，笔者在朋友圈内发放问卷进行调查，共回收问卷502份，调查结果如下：

（1）是否产生过购买行为

对于在微信中是否产生过购买行为这一问题中，调查显示有近八成的微信用户在微信中发生过购买行为，这说明基于微信的电商模式早已被大家广泛接受（见图4.3）。

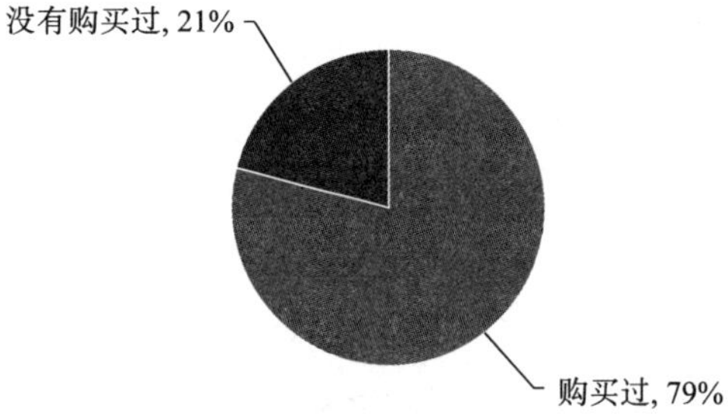

图4.3 通过微信购买商品

（2）性别组成

在发生购买行为的消费者当中有69%为女性消费者，有31%为男性消费者，这证明女性在微信社交电商中占有举足轻重的地位（见图4.4）。

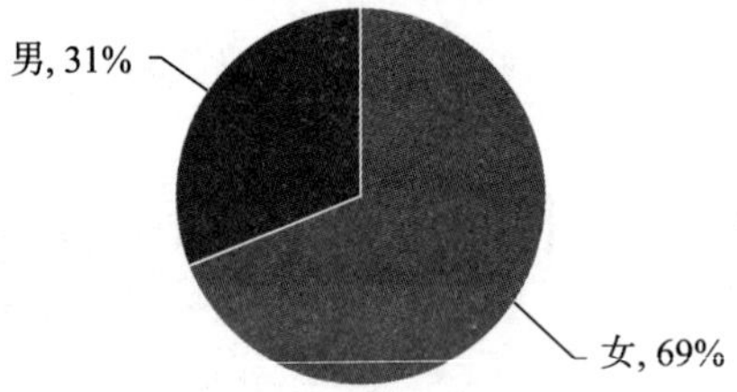

图4.4 消费者性别比例

（3）消费者年龄段组成

在微信中产生购物行为的主流人群主要分布在21～35岁（见图4.5），这个年龄段属于青壮年时期，自身对于微信的接受程度比较大，使用频率比较高，对于新鲜事物的接受程度比较快，并处于自身消费力旺盛的时期。年龄小的还在上学，没有支付能力；年纪大的比较墨守成规，不太容易接受新鲜事物。所以，商家需要调查分析用户的年龄和性别特征，进而生产定制化产品，满足用户的个性化需求。

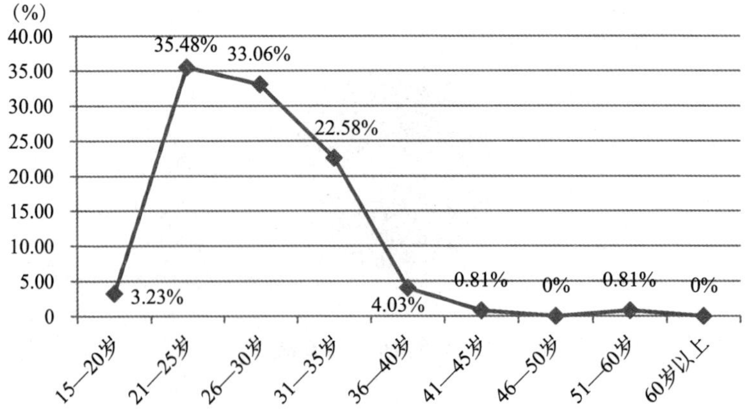

图4.5 消费者年龄段分析

(4) 购买途径及方式

对于购买的方式和途径，首先，有42%的用户会在朋友圈购买，证明以朋友圈为代表的C2C模式在微信社交电商中的占比依然很大，消费者普遍对于它的接受程度比较高。其次，29%的用户会在微信公众号上购买。如今，微信公众号的数量早已过千万，使用者可以通过扫描二维码或者链接购买，表明通过微信公众号进行购买也开始逐渐被大家所接受。最后是微信自带的第三方接口，不过相对于前两个的占比，其使用的频率并不高，主要原因可能为端口的设置比较长，必须通过好几个接口才能到达相应的功能(见图4.6)。

此外，还有微店等平台，由于其在微信中并没有相应的位置等，用户若想购买，只能通过相应的链接进入相应的页面进行购买，带来很大不便。

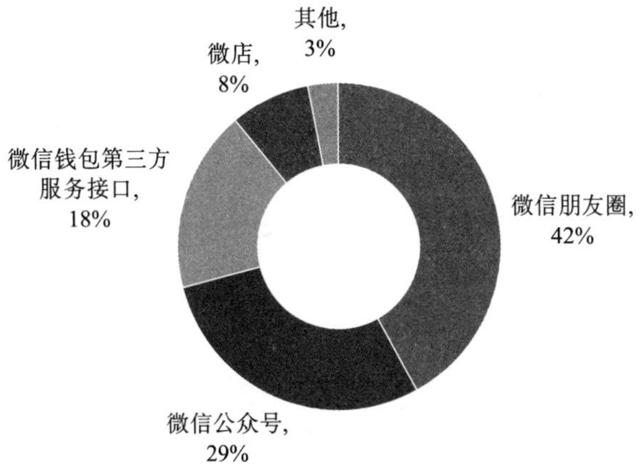

图4.6 购买方式及途径

(5) 消费主要购买的商品种类

通过对在微信上进行购买的消费者进行调查分析发现，消费者购买的商品包括以下几类：一是面膜类。由于女性在消费群体中所占比重相对较大，对于面膜类的需求量也大，面膜类商品在微信社交电商中所占比重较大。二是O2O方向，如滴滴出行、饿了么等与百姓衣食住行息息相关的种类，由于微信天然的庞大用户基数以及良好的生态体系，消费者更愿意通过微信完成相应的O2O消费活动。三是化妆品及服饰类。这之后，依次是零食、珠宝玉器、减肥药、手机等。这说明在微信社交电商中女性购买的主导作用，所以卖家应该开发相应的商品来迎合数据中这几个品类，以保证主流用户群的持续购买（见图4.7）。

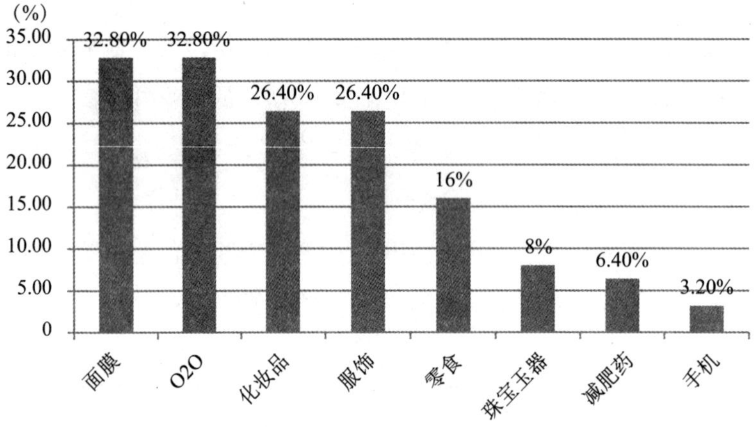

图4.7　主要商品种类

（6）购物时更看中什么

由调查结果看出，消费者在通过微信购买商品时首先更关注此类商品的来源及品质（占比33%），其次是对于商家的熟悉程度。一般来说，消费者在第一次购买商品时候，由于对于商品本身并不是非常了解，所以造成了一定的恐惧感，生怕买不到实用的商品。C2C商家正是利用这一心理，通过微信好友天然的信任基础，降低了用户心理的抵触情感。公众号B2C商家可以通过自身本来的影响力来降低用户的抵触心理。官方的第三方服务商因为其本身就拥有相应的影响力，所以对他们来说影响不大。微信社交电商缩减了中间商的数量，以及其天然的宣传优势，其价格往往是最合理的（见图4.8）。

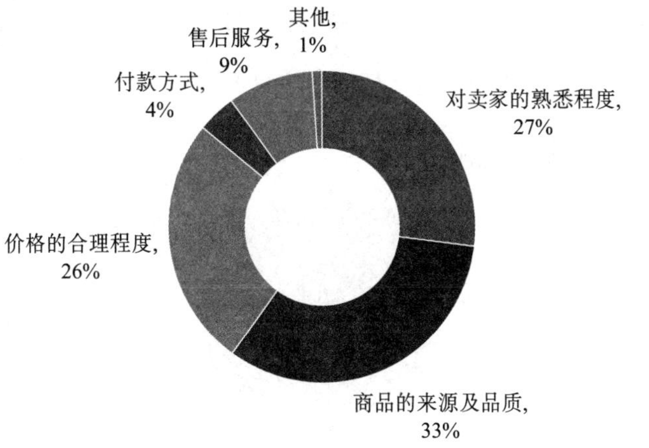

图 4.8 购买时的考虑因素

（7）对于微信朋友圈刷屏营销的看法

通过调查发现，有 32% 的人不喜欢微信朋友圈刷屏推销商品这一行为，并且会选择屏蔽相应的发布者。有 28% 的人选择直接略过，不关心其内容。这二者占比已过半，证明朋友圈营销的转化效果并不好，能够产生购买意向的只占 28% （见图 4.9）。

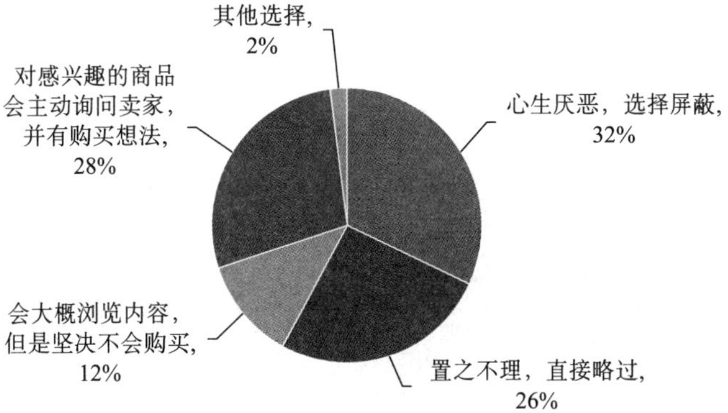

图 4.9 对微信朋友圈刷屏营销的看法

（8）购买的商品质量

通过调查得知，有 36% 的消费者所购买的商品质量很好，大部分商品存在严重的质量问题。商品的质量是一个商品的核心价值，如果质量无法得到有效保证，那么对于此商品的销量、口碑都会产生非常严重的影响（见图4.10）。

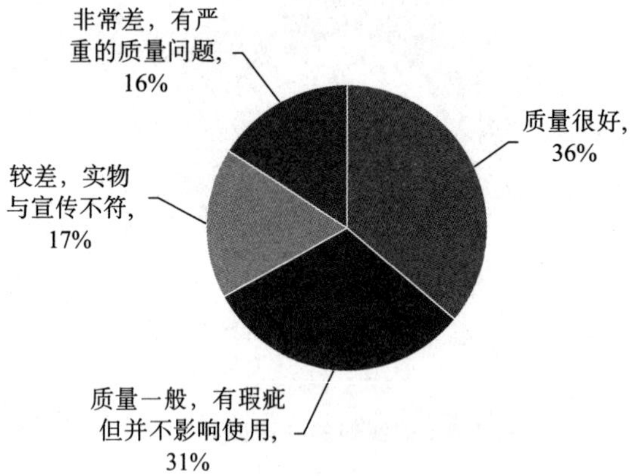

图4.10　购买商品的质量

（9）商品售后保障

对于在微信上产生购买行为后，消费者对于商品售后是否有相应保障进行了调查，其中能够完全保障的只占17%，能保障的占16%，一般的占34%，基本不能保障的占24%，完全不能保障的占17%。数据表明，当消费者购买商品后，得不到相应的售后服务（见图4.11）。

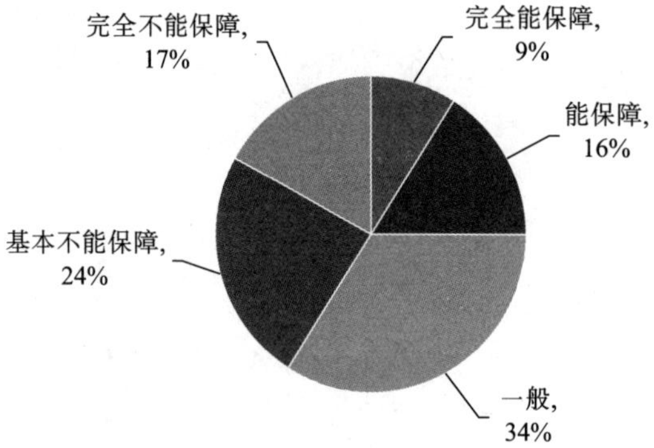

图4.11　商品售后保障

（10）交易方式选择

调查显示，有56%的消费者选择微信直接支付，表明微信支付越来越被微商用户所普遍使用。支付宝交易占比 17%，其余是通过淘宝店铺进行担保交易，说明有很大一部分用户对于先付款后发货心存戒心，所以使用淘宝进行担保交易。另外，也有很少一部分用户选择线下当面支付，以及货到付款支付（见图 4. 12）。

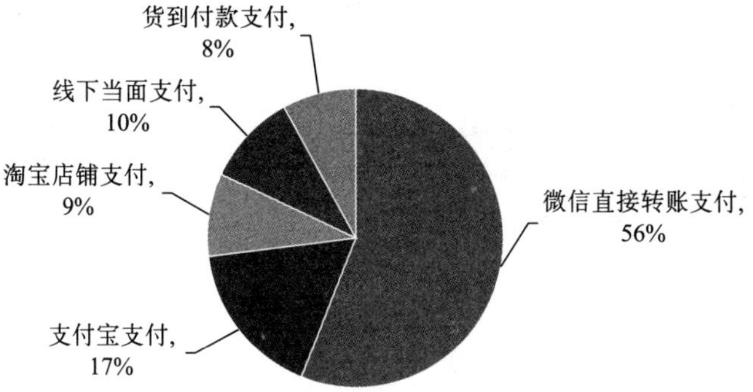

图 4. 12　交易方式

4. 2. 2　C2C 社交电商模式现状

中国信息经济学会发布的《微信对社会经济影响力研究报告》显示，截至 2015 年第一季度，微商行业从业人数超过 1 000 万人，市场规模近千亿元。

早期的 C2C 主要是通过朋友介绍来促销产品，这一阶段的广告是粗糙的。随着时间的推移，促销广告形式不断呈现多样性，也更加专业。随着微信用户的不断增长，微信朋友圈开始出现了商业广告。利用微信朋友圈进行营销的微商开始出现，因为早期的微信用户的好友数量不是很多，而朋友圈的信息也不是很丰富，所以微商在朋友圈发送的营销信息比较容易引起好友的注意，从而产生购买行为，微商更容易获利。随着获利的不断增长，基于微信朋友圈进行产品销售的微商规模也在不断扩大，商品种类越来越丰富，工作也越来越复杂，后来逐步形成了业务代理。

再后来由于用户数的不断积累增多，通过朋友圈营销的方法早已无法满足一直在增长的用户基数，商家通过将一部分有购买意向的忠实顾客聚集在一起建立微信群，直接在群里推送一些商品，以及购买需求消息，从而产生购买行为。

微店形式。随着微信的不断发展壮大，推出了微店功能，任意微信用户通过提交相应的信息即可在微信上开设一个属于自己的微店，商家可以在后台进行操作，包括商品上架、下架、店内装饰等一些功能，商家可以通过将微店分享到朋友圈或者推送给特定的目标联系人的方式达到营销的效果并达成交易。

C2C 社交电商三大主要模式见图 4.13。

图 4.13　C2C 社交电商三大主要模式

4.2.3　官方合作 B2C 社交电商模式现状

通过与微信进行深度战略合作，微信为其提供相应的功能接口，以及支付，营销等一系列功能需要，以此来开展电商活动。

①微信为京东开放的一级入口“购物”，进入标题为京东购物的板块，在页面顶部主要是一些活动介绍，其次是每日特价、心跳秒杀、品牌特卖等功能区，最下面的功能键为首页、分类、购物圈、购物车和个人中心。

②购物圈主要是一些明星或者个人在这里进行分享的一个购物社区，消费者可以为自己喜欢的明星留言等增强了购物的互动性，做到了社交电商的属性。

③微信钱包的第三方服务功能：简单的社交以及基本的京东购物入口早

已经无法满足用户的需要，而通过微信生态体系的建设，才开始从真正意义上进行互联一切的生态进化，通过钱包入口进入第三方服务功能板块，共包括六大功能，将用户的衣食住行，吃喝玩乐全部包含在内。但是，所有第三方服务在第一次使用的时候，页面上都会出现免责声明。

④滴滴出行：出行类服务，用户在页面上可完成相应的预约车辆服务，进行微信支付，完成订单。

⑤火车票、机票：主体为同程旅游，用户点击页面后会进入相应的火车票、机票查询及购买页面。

⑥京东精选。主体为京东，用户点击页面进入后，可以看到几个精选功能，如品牌特卖精选，今日特价精选等。

⑦电影演出赛事。主体为微票儿，用户点击进入后，包括电影票、演出票、赛事票三大板块。

⑧吃喝玩乐。主体为大众点评，用户点击进入后主要分为美食、电影、酒店、休闲娱乐、外卖、KTV、周边游、丽人、生活服务等几大功能板块。

4.2.4 微信公众号社交电商模式的发展现状

微信公众号是开发者或商家在微信公众平台上申请的应用账号，分为订阅号、服务号和企业号三种。通过公众号，商家可在微信平台上发布信息，进行品牌推广，与微官网相连，实现和用户之间的沟通、互动。微信官方数据表明，截至 2016 年第一季度末，各品牌的微信公众账号总数已经超过 800 万个，形成一种主流的线上线下微信互动营销模式，用户可以通过在对话框当中的自定义菜单进行设计，引入第三方平台，对接自身的服务器以此来建立电商平台。

第一，“罗辑思维”是 2012 年底推出的知识型视频脱口秀节目，播放周期为一周一集，播放时长为 17 ~ 47 分钟。“罗辑思维”为了更好地进行宣传推广，首先在上线当天开通微信公众号，每天早上不定时向订阅用户发送时长 60 秒的语音，分享生活感悟。同时，与拥有 1 000 万用户的有道云笔记开展跨界合作，为用户存储知识提供平台；通过利用社交平台，“罗辑思维”取得了良好的营销效果，吸引了 10 000 多名用户，进账千万元。同名刊物《罗辑思维》三天内预售超过 3 000 本，进入当当网、亚马逊、京东畅销书排行榜。“罗辑思维”还在微信上建立商城，以售卖罗辑思维视频节目中推荐的书籍为主，用户可以通过在公众号下方的“最热商品”选项进入微信商城的主页购买商品。

第二，“饿了么”是中国领先的在线订餐平台，已覆盖全国数百个城市、数以亿计的用户，聚集了数十万家餐饮企业。“饿了么”为中国用户提供各种广泛、简单和快速的在线预订服务，针对不同类型的餐饮企业提供基于互联网技术的综合业务解决方案。如今，其微信公众号的粉丝数已过亿人，用户可以通过点击微信公众号下方的“我要订餐”选项享受预订外卖服务。

第三，“吴晓波频道”是著名财经作家吴晓波亲自主讲的国内首档财经脱口秀节目，而吴晓波频道公众号是其微信内容平台，通过点击下方“美好的店”选项可以直接进入店铺内选择商品，主要为书写、旅行、日常、茶饮、课程等。

微信公众号社交电商模式三大主要案例见图 4. 14。

图 4. 14　微信公众号社交电商模式三大主要案例

4.3 基于微信的社交电商存在的问题

4.3.1 朋友圈暴力刷屏

“想知道××驻颜秘诀吗?”“世界冠军在代理我们的产品，你在等待什么?”统计显示，目前市场上至少有300多部类似的品牌在市场上出现，而知名品牌和劣质品牌对于消费者来说都不太熟悉。为了提高可靠性，许多微商将他们的产品与某个明星关联到一起，消费者在购买自己所谓的明星代言产品时，立即自动认为它就是“可信产品”。微信用户一般主要分享化妆品、服装、手机海外代购，或减肥药，如保健品销售。在朋友圈里都是熟人，宣传起来比较方便，所以在很多微商营销的帮助下，在自己的朋友圈里开设店铺，暴力刷屏，大大破坏了用户体验。一方面，由于不开网店，引入商品、价格、品种只是通过朋友圈来分享，所以往往会出现所有屏幕上的朋友圈分享内容是一样的，产品同质化严重；另一方面，对于其他朋友的信息发布，毫无疑问造成了很大的干扰。

4.3.2 虚假信息满天飞

李先生通过微信微商买手机，通过微信支付后，卖方并未交货，李先生发现自己被骗了。卖家通过低廉的价格或者免费领取商品等营销手段骗取广大用户的关注，后来不兑现其承诺，引起用户的极大不满，但到目前为止还没有有效的方法对这类行为进行遏制。这种经营者也不太注重自己的长期信用，导致信用严重缺失。

4.3.3 类似传销

“层层代理”的转移风险，传销“有点像传销”。在微信营销的案例中不乏朋友卖口罩、化妆品，月收入三万元、五万元，甚至上百万元的故事，而这只是为了吸引微信微商代理，编织的一个“美丽的神话”，为的是通过让代理商拉下线的方式进行所谓的病毒式营销，以快速致富来吸引更多的人加入，基于微信的这种电商模式正日益体现“类似于传销”的特点。

4.3.4 上当受骗无处维权

需要注意的是，微信用户与商家只是通过互相信任从而达成交易，却不存在任何交易的信任机制，即使买到假货，被欺骗之后也无处维权。网友之间的直接交易缺乏法律保护，消费者无法保护自己的权益。

4.3.5 公众号独立跳转不受限制

对于微信运营商，目前设置了严格的主体身份信息审核制度，注册时必须提供主体信息及具体运营者身份信息等材料，进入门槛非常高。因公众号的技术中立性及开放性，经营者可设置公众号跳转至自有或第三方网站页面，但实际上，该跳转页面与微信并无任何关系。在微信朋友圈转发某条信息，就有可能中奖，这种动动手指就获奖的“好事”，可能是一个骗局，转发者存在微信钱包内的钱财被盗走的风险。

4.3.6 微店准入门槛缺乏管理

与淘宝等其他大型电商要交开店保证金比起来，微店是只要注册便可以开店进行商品销售，可谓零门槛。在微店页面“设置”栏里有“淘宝搬家助手”可以帮你把淘宝店铺商品一键复制到微店。使得淘宝店家到微店上经营更方便。据了解，店家更愿意经营微店，因为顾客纠纷较少，通过语音进行沟通更省事。

和淘宝售后及其他电商平台比起来，微店缺乏商家审核机制、商品监管和售后机制，这些都源于第三方监管的缺失。当顾客和卖家出现纠纷时，没有第三方进行监管和协调，有些不良卖家会采取屏蔽或拉黑顾客的方式来减少自己的利益损失，而把损失转嫁给顾客。

尽管微信也出台了相关规章制度，但还有待完善。用户在公众账号开展利用微信关系链发展下线分销的行为，并以此盈利或诱导用户关注。依照《微信公众平台服务协议》，一旦发现此类账号，将会对其进行永久封号处理。

4.3.7 消费者权益缺乏保障

在微信上开设自己的店铺，经营小成本的生意，一旦卖家在出现风险后便很难保证自己的权利。由于微信电商没有合法的营业执照和资质证书，消费者维权风险很大。

4.3.8 商品品质难以把控

案例一：1 月上旬，记者通过微信朋友圈买了一盒进口的某品牌“小分子完整有效的修复面膜”和一盒某品牌的“酶脂梅”。使用面膜时，记者感觉到面部皮肤瘙痒，于是就向面膜厂商质疑商品质量。随后，记者查询国家食品药品监督管理局网站，并未发现商品信息。酶脂梅确实如广告所说，食用后具有通便作用，体重也下降了，在其包装上注明的类型是水果，记者在国家食品药品监督管理局网站上也查到了货物的信息。在微信微商那里购买商品的消费者对其的质量、形状等并没有详细的了解，只能通过所提供的图片和介绍来确定商品的质量。商家的宣传在很大程度上误导了消费者，使消费者上当受骗。

案例二：西安纺织城彭大夫是一个80后，平时喜欢上微信看看朋友圈，结交一些朋友。后来在朋友的劝说之下，开设微店，选择一种保健品进行经营，当时投资30 000元，加盟费3 000元，剩余的钱全部买了保健品。为了更好地进行销售，彭大夫对看病的患者和朋友圈打折销售保健品，很快就从中获利5 000多元。但是，两个月之后，购买并食用此保健品的顾客有人出现了呕吐、头晕、拉肚子的现象，他自己也发现此药不易长期服用，于是找供应商要求退货，但是供应商态度强硬，不能退货或退钱。后来，彭大夫表示要到消协和药监局投诉，供应商才同意只能退一半货物，而且售出的货物不退，加盟费也不能退还。

4.3.9 官方微信接口转化率太低

调查显示，官方微信内接口的使用率其实并不高，消费者通过第三方接口使用的电商活动并不频繁，主要原因可能包括以下几点：一是微信第三方服务端口放置位置并不明显，以滴滴出行为例，若用户想要选择使用滴滴出行就必须先选择微信中的“钱包”选项，然后再进一步下滑至页面底端才能选择自己想要的服务，这在很大程度上造成用户选择时因为嫌麻烦或者找不到而无法完成交易。二是第三服务范围小，当用户进入自己想要的第三方服务的时候，因为页面主要为网页版，所以第三方服务范围就被限制了，功能也变得单一，在一定程度上造成用户使用的局限性，从而无法完成交易。

4.4 基于微信的社交电商发展解决对策

4.4.1 对于个人

(1) 保留证据增强自我保护意识

消费者要首先明确自身处境，大部分微信微商都是通过朋友圈来进行推销的，由于朋友圈都是熟人，所以很多消费者放松了警惕，但其实很多微商只是整个微商体系中一个末端环节而已，他们对于自身销售的商品并不是充分了解甚至根本没有使用过，还有的微商总是以低价、代购等作为其销售的幌子，所以消费者在购买的过程中一定要擦亮眼睛，保留交易过程中的文字、图片、截图、声音等证据，防止出现纠纷时因为没有证据而让自己的权益受到损害。

(2) 合理营销切勿“刷屏”

通过调查发现，微信用户对于朋友圈刷屏推销产品非常反感，甚至一些用户将商家直接屏蔽。所以，对于朋友圈商家来说，一定不要再像以前一样每天在朋友圈发布多条产品介绍，而应该通过对商品的内容进行梳理与整理，由以数量取胜变成以质量取胜，并且通过微信的“谁可以看”等功能将你的好友和你的目标消费者进行分组，在一定程度上避免因为过度营销影响朋友之间友谊并损失一些优质消费者。同时，也可以采用故事性软文等方法将商品的各类信息植入进去以获得用户的购买。

4.4.2 对于企业与商家

研究建立信用体系规范，曝光违法行为。对于企业来说，可以形成微信信用体系联盟，联盟统一张贴质量防伪标识，遵循相同的产品质量、统一的安全体系认证，这不仅降低了消费者购买商品时的抵触心理，同时也为消费者提供保护，让消费者买得放心。对于消费者来说，可以是个人微信 ID 实名认证，纳入全国征信系统，为其从事微信微商中出现的问题进行个人跟踪、过程跟踪、商品跟踪。如果是因为商家个人原因造成的问题，则可以追究其法律责任或通过降低其信用等级等方法来解决，以此来监督其交易活动。

4.4.3 对于微信

(1) 出台运营商实名认证条例

腾讯公司对于相关公众号（包括订阅号和服务号）应该严格审核其资质，对于冒名顶替销售其他商品的公众号应该定期抽检，防止订阅号通过接入第三方后台后将假冒伪劣产品销售给消费者，如通过在服务下方功能键加入链接的方式，接入到一些虚假的第三方钓鱼违法网站平台内，由于微信没有相关的监控和拦截，则有可能对消费者造成经济损失，微信应该对这类公众号进行监控，对于虚假网站、违法公众号进行严肃处理，从根本上保证用户的利益，降低损失。

(2) 完善技术加强监管

腾讯公司对于基于微信中存在的相关问题必须负起监管责任，各部门相关联动，加强监管，适当建立朋友圈、微信号筛查系统，对于敏感文字、图片、链接进行监控，对于过度刷屏，以及销售假货等违法行为进行警告，甚至冻结账号，发现严重违法行为应移交司法机关进行处理。

（3）开发微商反馈功能

腾讯公司鉴于微信电商发展速度之快，规模之大，可以开发微信电商反馈功能，在微信相关区域内添加功能按钮，建立公众号、服务号，处理广大用户的反馈意见。对于用户的举报进行监控调查，通过微信号定期或者不定期推送相关防骗知识信息，以及问题品牌和个人信息。建立微信社交电商黑名单和白名单制度，对于微信社交电商中出现的优质品牌进行大力宣传，对于假冒伪劣的产品进行通报批评，这样不仅有利于好的微信环境的建立，更有利于整个微信电商生态体系良性健康的发展。

（4）提高接口应用营销频率

微信官方接口电商转化率太低，在微信的曝光频率并不高，微信通过一系列营销手段引导用户，告知其在微信钱包端的电商接口，并通过优惠券等功能，加深对于端口的认识，增强其使用频率。

4.4.4 对于政府本身

（1）定期抽检

工商、质监部门，对于微商售卖的产品应进行定期抽检，对于出现问题的产品要向社会通报，对于相关商家可以进行多部门、跨地区联动检查，彻底消除微信中销售假冒伪劣商品的行为，对于相关人员应予以处罚，还给广大群众一个干净健康的微信环境。

（2）完善法律法规加强监管

工商部门要加强监管，认真梳理微信营销存在的问题，并通过适当的方式向立法机关反馈，建立健全专门的微信微商监管法规，明确规定微信社交电商中售假的处理办法、证据保存、罚则，以及连带责任等内容，使工商部门在微信电商市场售假行为监管中做到有法可依、有据可循。市场监管部门在监管微信营销及相关案件的调查取证等方面要认真做好工作，要求利用微信从事电商经营活动的经营者对其销售的商品和赠品的质量负责，因质量问题造成人身伤害及其他损失的，应当承担相应的法律责任。

(3) 设立黑白名单

建议建立黑白名单制度，对于一些经常收到投诉的品牌或者三无商品，以及在检查时查处的商品，要将其品牌等详细信息列入黑名单中，向全社会进行公告。这样不仅保护了广大的消费者的合法权益，还对微商起到警示作用，防止他们继续经营假冒伪劣商品。同时，对于一些用户普遍反映较好的商品将其列入白名单向社会公布，以示鼓励。

4.5 本章小结

微信作为移动互联网时代的代表性产品，从产品的功能、特点、实用性等方面，都起到了一定的示范与带动作用，而基于其产生的微信社交电商更是作为一个新型的电商模式被国内外广泛研究与探讨，但是在互联网技术高速发展的今天，产品的更新换代更是以几何倍数增长，基于微信发展的社交电商的一些问题也慢慢显现出来，那么如何解决问题便显得尤为重要。基于微信的社交电商能够取得今天的进步，更多得益于其庞大的用户基数，以及近病毒式的营销方式，微信起初并没有料想到这一发展状况，于是做了战略性调整以及其生态体系的建立，进一步到加速了基于微信的社交电商的发展。

微信战略性的布局以及敏锐的市场把握为其赢得了移动互联网中的地

位，基于微信的社交电商是微信生态体系中重要的一环，其存在的问题也尤为突出。本部分针对研究发现的问题提出了具有可操作性的解决对策，包括个人应提高自我保护意识，商家应适当营销，企业应建立信用体系，微信平台应进行功能升级，开通相应的监控与处理办法，政府应加强监管，定期抽检，设立黑白名单。

第 5 章
基于微信朋友圈的消费者购买意愿影响因素研究

5.1 研究概述

5.1.1 研究背景与意义

《2017 年数字化报告》显示，全球移动电子商务市场涨幅超过 50%，同时艾瑞咨询发布的《2017 年中国移动电商行业发展报告》显示，2016 年中国移动购物交易额占整体网购交易额的 68.2%，比 2015 增长 22.8%，移动设备已经成为消费者网购的主要设备。

在移动电商时代，移动通信软件已成为人们日常生活中不可或缺的一部分。2011 年问世的微信软件作为当今移动通信工具的佼佼者，依托其形成的去中心化电子商务模式为电子商务提供了一个新的发展方向，通过社会化分享传播信息，使得消费者的购买需求在碎片化时段中被随时激发，电子商务与移动社会化媒体的融合为移动社交电商的发展带来蓬勃机会。以社交化分享为主要营销模式的微信朋友圈移动电子商务，频频爆出“三无产品”、诈骗事件、暴力刷屏现象，使得人们谈微商色变。

一直以来，消费者行为意愿相关研究都是各界学者探讨的热点。移动社交电子商务作为崛起的电商新势力，其环境下的消费者研究在学术界缺乏完整的体系，对微信移动电商中消费者购买意愿的研究角度大多集中在公众号、营销策略乃至整个大平台上，而对某一具体功能环境下的研究较为匮乏。本章结合微信朋友圈营销模式特点，从微信用户中消费者与商家两个角度出发对其进行研究，希望能为该领域的后续研究提供一定的参考和借鉴。

通过对基于微信朋友圈消费者购买意愿影响因素的研究，可了解如今用户在微信朋友圈环境下的信任程度和购买意向，同时深度剖析微信朋友圈消费者购买意愿影响因素，为个人商家运营和制定科学有效的营销策略提供一些建议。最后，为改善微信朋友圈购物环境提供客观依据，对净化用户所依赖的微信朋友圈做出一份贡献。

5.1.2 研究内容和方法

根据依托微信形成的移动社交电子商务发展现状和模式特点，本章决定对微信朋友圈消费者购买意愿影响因素进行研究。一是查阅、梳理和分析社会网络、消费者行为和信任度等相关理论文献；二是采用结构方程模型的方法，构建基于微信朋友圈消费者购买意愿的概念模型，并提出研究假设；三是利用问卷调查的方法收集样本数据，进行数据分析和模型假设检验，得出研究结论；四是依据研究结论并结合实际情况，提出相关对策与建议（见图5.1）。

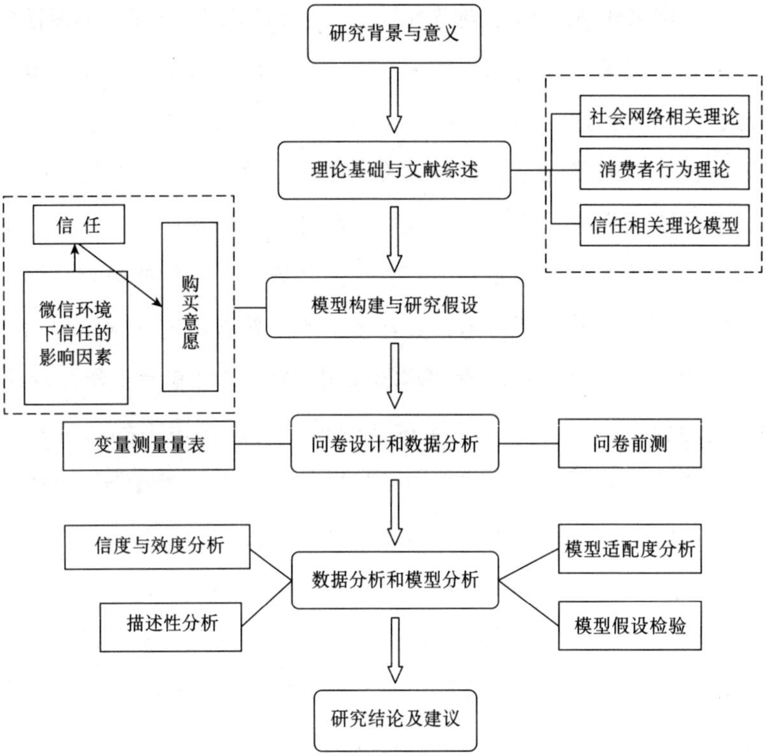

图 5.1　研究思路图

5.1.3　相关理论概述

移动社交化电子商务是移动社交平台与电子商务相结合的产物，既离不开强大的移动互联网网络的支撑，也离不开移动社交平台土壤的培育，是移动互联网推动下的移动社交媒体与电子商务的融合发展。

全球移动通信系统协会（GSMA）发布的《2016 移动经济报告》显示，中国移动宽带（3G/4G）连接占亚太地区移动连接总数的 45%，预计到 2020 年，该比例将增至 70%。CNNIC 发布的第 39 次《中国互联网络发展状况统计报告》显示，截至 2016 年 12 月，中国网民规模为 7.31 亿人，互联网普及率达 53.2%。随着环境的不断成熟，中国互联网行业逐渐向着规范化、价值化的方向发展。移动互联网的发展，促进了移动购物的发展，且消费模式共享化、场景多元化趋势显现。在这一背景下，移动社交媒体在全球化的发展也是如火如荼，其与电子商务相结合也成为必然。

（1）微信和微信朋友圈概念的界定

自从腾讯于2011年推出微信移动社交媒体以来，使用用户不断增多，逐步成为国内活跃度最高的移动社交媒体平台。利用微信，用户可以发布各种形式的信息，实现和好友的沟通，而且可以把自己的想法、感悟以及外部的文章、链接等发布到朋友圈，同时好友还可点赞、评论等，但用户只能看圈内共同好友的评论或赞，即朋友圈的内容是不完全公开的，这也正是微信朋友圈相对于一般意义上网络社交平台的特殊性，其私密性保证了只有圈里的好友之间才可以实现交流和互动。

微信朋友圈具有私密性，它是一个基于朋友关系建立起来的小众、私密的圈子。微信用户可以在朋友圈分享信息，展示自己生活的点点滴滴，同时也可以关注、评论朋友的朋友圈，朋友圈使朋友之间的联系更加紧密。周晔（2016）的研究表明，微信朋友圈是依托微信，社交根基建立在血缘、业缘、地缘的熟人关系基础上，利用语音、图片、文字等各种多媒体形式实现思想观点的可视化，为用户提供信息生产、积累和分享的平台。

微信作为广泛应用的移动社交媒体，不但可以作为朋友间沟通交流的平台，同时也是从事社交电子商务的有力工具。本章研究的内容为基于微信朋友圈的消费者购买意愿，因此把微信朋友圈定义为微信好友在朋友圈功能下形成的信息商务环境。

（2）基于微信朋友圈的移动社交电子商务概述

基于微信朋友圈商家的概念，国内各界学者和权威机构给出了不同的定义。

全国工商、市场监管部门网络市场监管专业型人才培训班课题组曾发文指出，微商是指借助微信、QQ、微博等社交平台开展营销活动，销售商品的个人或组织，同时认为微商是一种典型的社交化电子商务模式，绝不仅仅是微信朋友圈营销，也不仅仅是基于微信的朋友圈产生的。在《中国化妆品微商标准（执行草案）》中将微商在概念上做出了广义和狭义的划分，该“标准”由全国工商联美容化妆品业商会颁布，其认为狭义微商是指依托腾讯公司旗下微信平台所开展的各种商业活动；广义微商则是指不限于微信，而是依托于移动互联网，运用各种个人或企业应用终端（如微博、腾讯 QQ 等），或者是借助移动互联网开发技术形成的具有社交或移动电商等属性的工具（如 APP、人人网站等）展开的各种商业活动。中国移动的相关负责人认为微商是一种社会化的移动电商模式，主题可以是个人和企业。

本文所研究的微信朋友圈电子商务活动是指个人之间基于微信形成的朋友圈营销模式，指微信用户自己通过朋友圈分享一切与商品有关的信息进行交易付款，或是转到其他传统电商平台进行商品销售。

①朋友圈营销模式下的信息形式。在卖家发布的各类信息里，主要有两种方式：一是软广告，包括用户产品使用心得、产品体验感受、现场采购的直播视频和晒消费记录与咨询记录等信息。二是硬广告，主要指对产品性质、用途和功能效果等信息的宣传。

②朋友圈营销模式下各类商家的具体营销流程。在微信朋友圈营销模式下，商家销售的产品类型多样，但商家类型只有两类：一类是自产自销的个人商家；一类是第三方电商平台和企业下的个人商家。两种不同类型商家的营销流程也不同。

a. 自产自销的个人商家（见图 5.2）。

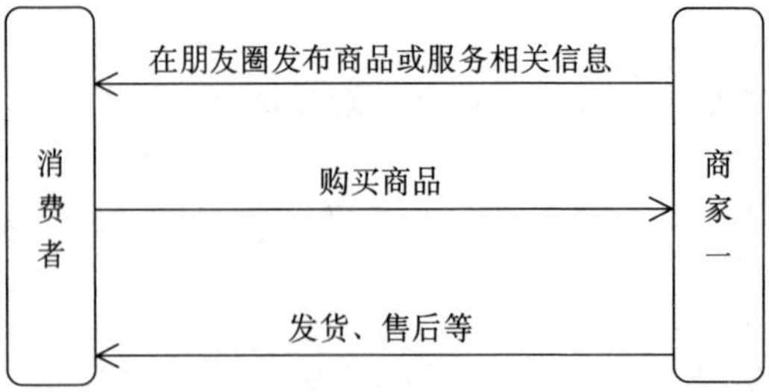

图 5.2　营销流程（自产自销的个人商家）

b. 第三方电商平台和企业下的个人商家（见图5.3）。

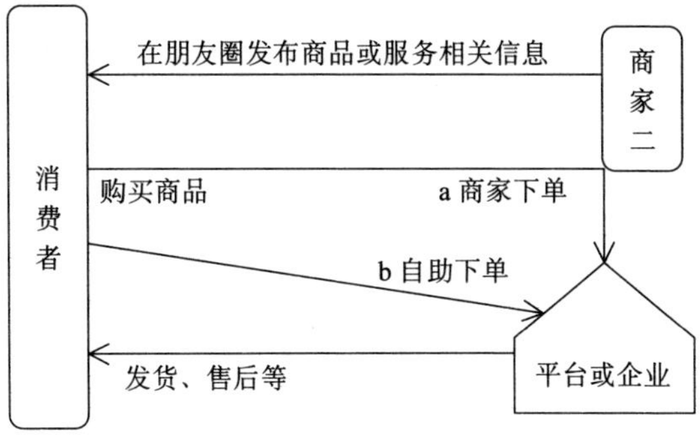

图5.3　营销流程（第三方电商平台和企业下的个人商家）

③商业模式特点。第一，与传统电子商务引流模式不同，微商依靠关系和用户推荐维系客户；第二，在公开的基础上带着特有的私密性。如在不屏蔽任何人的情况下，所有好友可以看到自己发送的信息，且只有共同圈子的人才能看见彼此的评论。该私密性使得用户间评价具有一定的区隔性；第三，碎片化，符合用户使用习惯，刷朋友圈就可以看到产品或服务的相关信息；第四，创业成本低、门槛低，人人都可以是商家。

（3）社会网络相关理论

①六度分割理论。六度分割理论源于一个数学领域的猜想及著名连锁信件实验。该理论指出，你与任一陌生人之间最多通过六个中间人就能够联系上，因而也称为小世界效应或六度空间理论。理论的深层次含义在于即使是陌生的两个人，通过一定的方式总能够产生必然联系或关系。如今的社交网络连接有无限广度上的可能证实了这一点，还有足够深度上的联系表明能力水平远远超过“六个人”。

②嵌入理论。嵌入又叫“镶嵌”，由波兰尼提出，意指人们的经济活动镶存于社会关系之中又与非经济因素融为一体。后由格兰诺维特进一步发展“镶嵌”的概念，认为人们所发生的经济行为是嵌入在一定的社会结构之中的，这种社会结构的核心是人们生活中的社会网络，嵌入的网络机制就是信

任。嵌入理论的基本观点就是非经济现象会影响经济现象。

电子商务进入微信朋友圈并实现交易的经济行为，就是嵌入理论最明显的体现。同理，朋友圈中的经济行为会受到信任等非经济因素的影响。对于微商而言，加入朋友圈的顾客愈多，可实现的盈利就越大；对于用户而言，朋友圈内存在的微商愈多，实现消费行为的可能性就越大。

③联结的强度理论。弱联结理论最初由 Mark Granovetter 在文章《弱联系的力量》中提出，文中将社会关系分成了两种意义相对的连接关系，即强联系和弱联系。该研究指出，在跨社会结构和阶层获得信息或其他资源中，弱关系更能发挥作用，创造出更多的社会流动机会。

强联结理论是从 Nicholas A. Christakis 在《大链接》一书中所提的“三度影响力（即朋友的朋友的朋友也能影响到你），社会网络的强连接原则”延伸而来。在弱联结理论的基础上，作者发现相距三度之内是强连接，强连接可以引发行为；相距超过三度是弱连接，弱连接只能传递信息。

弱关系理论与强关系理论相辅相成，相互作用。正如刘冠华（2013）所言，微信朋友圈虽然是一种强关系的社会关系联网，但是随着微信使用的发展，也可以强化相对弱的社会关系。

（4）文献综述

微信自问世以来就备受瞩目，得到各学术界的关注和重视。笔者在整理文献时发现，微信作为中国本土化的通信软件，国外研究文献少之又少，倒是存在与其相类似的各自本土化通信软件如 Twitter 等的研究。国内学者对微信消费者购买意愿的相关研究如下。

郭路（2015）站在微信使用者的角度，以云南地区大学生为主要研究对象，进行微信使用状况调查，探究其利用微信平台购物的可能性及影响在微信平台购买意愿的因素，并探讨企业能否通过微信平台进行微信营销影响大学生使用微信进行网上购物。

仇菲菲（2014）站在微信平台中微信营销的角度，探究大学生是否使用微信进行网络购物及影响消费者购买意愿的因素，旨在为企业营销提供参考指导。

张建辉（2015）对微信平台中微信营销方式进行划分并作为感知价值的驱动因素研究微信营销对顾客购买意愿的影响，旨在为已利用微信营销的企业和即将试水微信营销的企业提供合理的营销策略和建议。

徐雲（2016）首次开展微信电商平台在线互动的研究，界定研究中微信电商为个人或企业利用微信平台进行一切商业活动，提出了四种营销模式，还指出其不同于微商，也不完全属于微商的范畴；接着，从微信电商平台在线互动中提取五个因子并结合结构方程模型探究其对消费者购买意愿的影响；最后，根据研究结论对微信电商发展提出了对策和建议。

王志逸（2015）将微信与百货行业联系在一起研究，以微信作为研究平台，以微信用户作为研究对象，提出微信营销对百货消费者购买意愿影响因素研究模型。旨在了解百货消费者的购买意愿，并为百货企业的微信营销提供参考和借鉴。

方立荧（2015）认为微信朋友圈和公众号功能开启了个人和团队传播信息的新世界，也为自媒体营销带来了新场所。其将网上购物意向影响因素模型与自媒体的强交互特征性相结合，提出微信自媒体受众信任度对购买意愿的影响因素研究模型，并采用问卷调查法和结构方程模型法进行验证，以期根据研究结论对微信自媒体的未来发展提供一些好的建议。

综上所述，可以发现国内学者大多从微信整体的宏观方面进行消费者购买意愿研究，微信朋友圈的研究文献数量上虽然也存在，但没有学者单独对微信朋友圈这一功能环境下的消费者购买意愿进行微观的研究。因此，本书单独以微信朋友圈为研究环境，探究并分析微信朋友圈消费者购买意愿的影响因素，根据研究结果为微信移动社交电子商务的进一步发展提出意见和建议。

5.2 模型构建与研究假设

5.2.1 模型构建

(1) 模型构建思路

基于微信朋友圈的消费者购买意愿影响因素模型是构建在社会网络、消费者行为等相关理论研究基础上的。本节将阐述概念模型的构建思路。

①微信朋友圈中的购物消费等交易活动本质上是属于移动社交化电子商务模式中的一种。查阅以往有关移动社交化电子商务的文献可以发现，其研究大部分集中于信息发布者、信息本身以及信息接收者三方面，而本书在借鉴的基础上，仍从该三方面出发并加以深度研究。

②将信任度作为中介变量，主要是因为已有大量文献表明网络环境下信任是影响消费者购买意愿的重要因素；同时，信息发布者与信息接收者的关系强度、信息接收者的自我感知又为消费者信任提供了筑建条件。因此，选择信任作为本研究的中介变量。

③从变量内部细节来看，将价格价值、社会价值、质量价值和情感价值作为用户感知价值的维度，用户感知风险的维度则是财务风险、隐私风险、服务风险和功能风险。

(2) 概念模型构建

在借鉴以往相关文献研究成果的基础上，结合微信朋友圈电子商务特点，将关系强度作为用户感知风险和用户感知价值的前因变量；将信息发布者与信息接收者（即商家与消费者）的关系强度、用户感知风险和用户感知价值作为影响消费者信任的前因变量；将消费者信任作为中介变量，将消费者购买意愿作为因变量。概念模型如图 5. 4 所示。

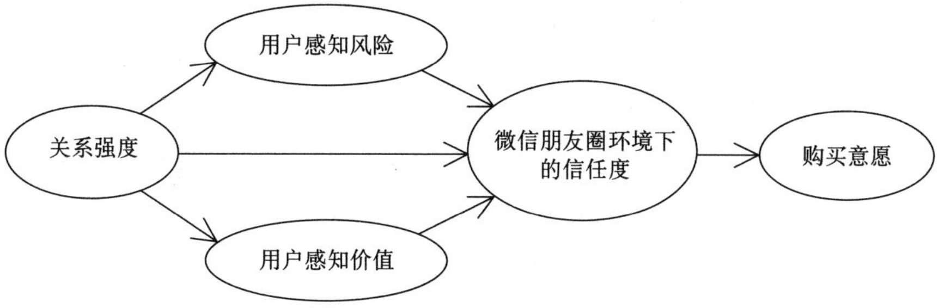

图 5. 4　消费者购买意愿概念模型

主要变量定义如表 5. 1 所示。

表 5. 1　　概念模型主要变量的定义

变量	定义
双方关系强度	指微信用户中买卖双方在现实中的熟悉程度和亲密关系以及联系程度
用户感知风险	消费者主观感知到的不确定性和损失大小，文中主要表现在财务风险、隐私风险、功能风险和服务风险四个维度上
用户感知价值	消费者对所能感知到的利得，文中主要体现在情感价值、价格价值、质量价值、社会价值四个维度上
微信朋友圈环境下的信任度	信任度具体体现在诚实、能力、善意三个维度上
消费者购买意愿	消费者的主观消费意图，也可以认为是发生购买行为的几率大小

5. 2. 2　研究假设

(1) 关系强度与用户感知风险的关系

大量学者通过研究证明，良好的关系质量能够降低消费者购买前的感知风险。Smith（1998）定义关系质量是关系人对关系总体强度的评估，反映了关系人在需求和期望上的满足程度。对于关系总体强度而言，其体现在双方的联系程度，无论是线上的信息沟通评论互动，还是线下的实际交流都在一定程度上促进双方关系质量，且联系程度越频繁，关系质量越强，从而降低信息接收者购买前的风险感知。双方间的熟悉程度和联系程度能够减少消费者的心理顾虑和对外界的不确定性，尤其在微信朋友圈电子商务活动中，双方关系强度越好，使得关系质量的评估越高，最终消费者主观感知的不确定性就会随之减少。因此，为探寻关系强度对用户感知风险的影响，本书提出：H_1：关系强度对消费者感知风险有负向影响力。

（2）关系强度与用户感知价值的关系

我们将用户感知价值定义为消费者对所能感知到的利得和其在获取产品时所付出的成本进行权衡后对产品或服务效用的总体评价。

樊慧（2015）在其研究中将消费者感知价值作为中介变量进行验证企业微信营销对消费者购买意愿的影响因素，得出亲友参与以及与用户互动对消费者感知价值有正向影响力。文中阐明：一方面，微信作为一个移动社交平台，具有鲜明的交互性特征，企业与用户间的有效互动，能够使消费者更好地了解企业，从而增加信任度；另一方面，基于消费心理学角度，用户对亲友传达的信息更容易接受，双方的感情基础使得信息信任度更高。陈洋（2013）在其研究中发现，社交电子商务中信息双方的关联同时存在于线上的交流互动和线下的沟通接触。用户间高频率的互动，高效的交流沟通及二者间的浓厚情感和更深的熟悉度体现出双方的关系强度。因此，本研究提出假设：

H_2：关系强度对消费者感知价值有正向影响力。

（3）关系强度与微信朋友圈环境下信任度的关系

胡荣（2006）等学者基于差序格局研究厦门市居民的信任构成，并推导出中国城市居民的社会信任根据信任度的大小分为三个层次：以血缘关系结合的亲戚和关系极为密切的朋友形成的信任内圈是信任度最高的；以业缘为纽带形成的同事和与自己利益交换的朋友和邻居是信任中圈，信任度较高；和自己关系不密切的社会上的普通人是信任的外圈，信任度较低。从中我们可以得出，关系程度越强，双方间的信任度越高。

据中国互联网调查社区《关于微信添加好友习惯的小调查》显示，在微信朋友圈中，用户好友来源主要通过 QQ 好友、手机通讯录、搜号码三大方式，大致形成四大关系圈：生活关系、职场关系、学校关系以及陌生关系。其中：生活关系指家人、亲戚和亲密好友等成熟的现实社会人际关系；职场关系和学校关系都是指因一定的环境基于业缘的社会关系；陌生关系指的是因偶然情况下基于面缘的普通关系。这与上述信任三个层次相呼应，也与 Granovetter 学者所提出的强关系和弱关系相符。因此，为了寻求关系强度对微信朋友圈环境下信任度的影响，本研究假设：

H_3：关系强度对微信朋友圈环境下信任度有正向影响力。

（4）用户感知风险与微信朋友圈环境下信任度的关系

感知风险的最初概念指消费者购买决策中隐含着对结果的不确定性。不确定性指产品本身的性能等属性不确定；不利后果指购买产品后会带来的时间、货币、心理等损失。

赛鹏（2006）在其研究中认为，感知风险是信任产生的前提。杨瑞仙（2016）等在其研究中验证了微信中身体风险、时间风险、心理风险、社会风险、隐私风险、财务风险等与用户对风险感知程度的相关关系，得出微信存在的身体风险、时间风险、社会风险、隐私风险与用户对风险感知程度正相关，心理风险、财务风险与其相关性不显著。

上述研究表明，用户的主观风险感知对消费者信任度有着直接或间接作用，为寻求感知风险对微信朋友圈环境下信任度的影响，本研究假设：

H_4：用户感知风险对微信朋友圈环境下信任度有负向影响力。

（5）用户感知价值与微信朋友圈环境下信任度的关系

借鉴樊惠（2015）研究模型中对感知价值构成维度的研究，将社会化电子商务用户感知价值划分为价格价值、质量价值、社会价值和情感价值四个维度。其中：价格价值是在借助微信朋友圈购物的整个过程中，消费者所能感知到的商家为其提供或推荐的商品或服务的可靠性方面的利益；质量价值主要包含商家所能提供的商品或者服务的质量水平；社会价值是消费者在借助微信朋友圈购物的整个过程中，所能感知到的符合自身需求的价值；情感价值是消费者在其购物过程中，所得到的情感体验。

Morgan 等（1994）通过研究发现，利益与价值是信任建立和维持的主要影响要素，若一个人能够从对方那里获得更多的利益，那么其将更加信任此人。为寻求感知价值对微信朋友圈环境下信任度的影响，本研究假设：

H_5：用户感知价值对微信朋友圈环境下信任度有正向影响力。

（6）微信朋友圈环境下信任度与消费者购买意愿的关系

与传统的购物方式相比，网络购物有许多的不确定因素，信任作为影响消费者购买意愿最重要的要素，是各界学者研究的重点和热点。陈洋研究后得出，消费者信任是社会化电子商务购买意愿最重要影响因素，而微信朋友圈移动社交电子商务作为社交化电子商务在移动端的延伸，信任同样发挥着举足轻重的作用。消费者的购买意愿往往与其对此商品或服务的渴望程度有关，当消费者对某种商品或服务有十分强烈的欲望时，往往会表现出对其更大的信心；反之，如果对商品或服务的需求性不高，要求没那么强烈，对其产生的怀疑度就会越高。因此，本研究提出：

H_6：微信朋友圈环境下信任度对购买意愿有正向影响力。

模型的假设见表 5.2。

表 5.2　模型的假设

符号	假设说明
H_1	关系强度对消费者感知风险有负向影响力
H_2	关系强度对消费者感知价值有正向影响力
H_3	关系强度对微信朋友圈环境下信任度有正向影响力
H_4	用户感知风险对微信朋友圈环境下信任度有负向影响力
H_5	用户感知价值对微信朋友圈环境下信任度有正向影响力
H_6	微信朋友圈环境下信任度对消费者购买意愿有正向影响力

5.3 研究设计和数据收集

根据上述的模型、假设及变量定义，对概念模型中的各个变量进行量表设计，问卷的设计、分发、回收和分析。本书旨在研究基于微信朋友圈消费者购买意愿的影响因素，由于智能手机和移动互联网的普及度高，使得微信蓬勃发展，用户人群范围也随之扩大，所以研究面向所有微信用户人群。

5.3.1 量表设计

(1) 关系强度

根据常亚平等（2010）国内学者对关系强度划分和构成维度的研究，结合本书研究背景和对象，得出具体的测量量表（见表5.3）。

表5.3 关系强度的测量量表

变量名	编号	问项	参考文献
信息发布者与接收者的关系强度	gx1	在微信平台上我与商家很熟悉	常亚平等（2010）
	gx2	在现实生活中我对商家很熟悉	
	gx3	在微信平台中我与商家交流互动频繁	
	gx4	在现实生活中我与商家交流互动频繁	

(2) 用户感知风险

在具有网络购物属性的微信朋友圈电子商务活动中测量用户感知风险的影响时，参考王晓萍等（2008）的研究模型中的感知风险维度，再次结合微信电子商务的特点，提出了本研究中“用户感知风险”测量量表（见表5.4）。

表5.4 用户感知风险的测量量表

变量名	编号	问项	参考文献
用户感知风险	fx1	担心货款已付，商品丢失	王晓萍等（2008）
	fx2	担心无售后服务，维权艰难	井淼（2005）
	fx3	担心商品质量	
	fx4	担心银行卡号、家庭住址等个人信息泄露	

（3）用户感知价值

作为消费者对所能感知到的利得，在具有网络购物属性的微信朋友圈电子商务活动中测量用户感知价值的影响时，借鉴樊惠（2015）在其研究中所划分的四个维度：价格价值、功能价值、社会价值和情感价值，提出了本研究中“用户感知价值”的测量量表（见表5.5）。

表5.5 用户感知价值的测量量表

变量名	编号	问项	参考文献
用户感知价值	jz1	该商家会提供更合理实际的产品价格	樊惠（2015）
	jz2	该商家会详细介绍产品品质和具体功能	
	jz3	该商家会提供更符合我自身需求的产品	
	jz4	该商家的行为态度会使我感到身心愉快	

（4）微信朋友圈电子商务信任度

根据McKnight（2002）的观点，具有交易特性的社交电子商务适用于诚实、能力、善意三个变量。诚实表示相信信息发布者的诚信，能力代表了满足自身需求的能力的信心，善意代表了信赖商家是站在自身的角度出发并关心自己的信心。本研究中，笔者选择此三个维度对信任度进行测量（见表5.6）。

表 5.6　　微信朋友圈环境下信任度测量量表

变量名	编号	维度	问项	参考文献
微信朋友圈环境下的信任度	xr1	诚实	我认为该卖家发布信息时是坦诚的	McKnight（2002）
	xr2	善意	信息发布者是善意的	
	xr3		我认为商家有能力完成交易	Yaobin Lu（2010）
	xr4	能力	交易出现问题时，商家会尽力给予帮助并解决问题	

（5）消费者购买意愿

被推荐者的购买意愿往往与其对此商品或服务的渴望程度有关，一般反映消费者的主观意图，即在多大程度上基于微信朋友圈环境下实现消费行为的概率大小（见表 5.7）。

表 5.7　　消费者购买意愿测量量表

变量名	编号	问项	参考文献
消费者购买意愿	yy1	我有想购买信息发布者发布的商品和服务的冲动	Holzwarth（2006）
	yy2	我愿意浏览和关注商家朋友圈，从而促进购买决策	
	yy3	购买同类商品，优先考虑该商家	
	yy4	我愿意主动私聊或评论留言咨询商品服务相关信息	

5.3.2　问卷制作

（1）问卷设计

本次问卷调查共分为两个部分：一是调查对象的基本信息：性别、年龄、学历、微信朋友圈是否有微商等；二是影响微信朋友圈电子商务消费者购买意愿的各因素：关系强度、信任、感知风险、感知价值等方面。此次研究采用 Likert5 量表，分为五个等级，使调查对象选择最符合的选项，以获得本模型的数据。

（2）问卷前测

在发布正式问卷前，笔者进行了问卷前测，通过发放纸质问卷和电子问卷，共计回收有效问卷 111 份，用来对相关变量的测量进行有效性分析，了解试卷的完整性，再根据反馈的结果再次完善，正式的问卷请见附录。

从表 5.8 可以发现，微信用户年龄段主要分布是较为年轻、较早接触网络（互联网兴起时期）的受教育程度较高的 90 后，其中女性用户居多，且朋友圈内微商普遍存在。

表 5.8　　　　问卷前测样本的描述性分析

样本统计特征	分类	频次	百分比（%）
年龄	00 后	1	0.9
	90 后	87	78.4
	80 后	9	8.1
	70 后	14	12.6
	60 后	0	0
性别	男	45	40.5
	女	66	59.5
学历	博士或硕士	6	5.4
	大学本科或大专	97	87.4
	高中或中专	4	3.6
	初中	4	3.6
	小学及以下	0	0
是否存在微商	是	103	92.8
	否	28	7.2

由表 5.9 可得，微信用户对于微信朋友圈内个人商家与借助微信朋友圈进行的购物行为这二者的了解程度不高，普遍只是有所耳闻。

表 5.9　　用户对微信朋友圈内商家及购物行为的了解程度

了解程度	微信朋友圈内个人商家		微信朋友圈购物行为	
	频次	百分比（%）	频次	百分比（%）
完全了解	6	5.4	6	5.4
了解	19	17.1	19	17.1
一般	70	63.1	66	59.5
不了解	15	13.5	19	17.1
完全不了解	1	0.9	1	0.9

信度是指数据一致性的程度，本问卷共有 20 个问题，通过 SPSS22 进行信度分析，如表 5.10 所示。

表 5.10　　问卷前测中总体变量的信度分析

可靠性统计资料	
Cronbach's Alpha	项目个数
0.946	20

一般来说，α 系数值愈高，表示分量表的内部一致性愈高，分量表信度愈佳；其指标值至少要在 0.6 以上，而达到 0.7 则表示问卷数据可信。根据表 5.11 中各影响因素的 Cronbach's Alpha 系数均大于 0.7，可认为初始问卷数据的可信度良好。

表 5.11　　问卷前测中各变量的信度分析

变量名称	可测变量个数	Cronbach's Alpha
关系强度	4	0.905
用户感知风险	4	0.872
用户感知价值	4	0.853
微信环境下信任度	4	0.919
消费者购买意愿	4	0.902

本研究还利用因子分析法检查问卷的效度，分析结果如表 5.12 所示。

表 5.12　　问卷量表各个变量的效度检验

变量	因子分析结果				
关系强度	因子负载值	KMO 值	Bartlett 球体检验		
gx1	0.894	0.789	近似卡方	df	显著性 sig.
gx2	0.872		298.776	6	0.000
gx3	0.866				
gx4	0.898				
用户感知风险	因子负载值	KMO 值	Bartlett 球体检验		
fx1	0.785	0.819	近似卡方	df	显著性 sig.
fx2	0.877		227.388	6	0.000
fx3	0.898				
fx4	0.851				
用户感知价值	因子负载值	KMO 值	Bartlett 球体检验		
Jz1	0.822	0.800	近似卡方	df	显著性 sig.
Jz2	0.808		92.801	6	0.000
Jz3	0.894				
Jz4	0.811				
微信朋友圈信任度	因子负载值	KMO 值	Bartlett 球体检验		
xr1	0.927	0.821	近似卡方	df	显著性 sig.
xr2	0.921		162.111	6	0.000
xr3	0.861				
xr4	0.881				
消费者购买意愿	因子负载值	KMO 值	Bartlett 球体检验		
yy1	0.874	0.744	近似卡方	df	显著性 sig.
yy2	0.893		148.099	6	0.000
yy3	0.907				
yy4	0.848				

由表 5.12 可得，前测问卷中各潜变量的 KMO 值都大于 0.5，Battlett 球体检验统计值的显著性概率均为 0，适合做因子分析。在选用主成分分析方法并依据最大方差法进行旋转后，得到的个测量项目在所属因子载荷值均大于 0.5，说明问卷量表具有良好的结构效度。因此，这些变量的问题不需要调整。

5.3.3 数据分析方法

首先，本研究使用 SPSS 22 软件对数据进行描述统计分析，即利用图表和统计量的形式来表现样本数据的分布与特征，选用的统计量包括样本数、均值、方差、最大值与最小值等。其次，研究中的因变量有 2 个，即微信朋友圈环境下信任度和消费者的购买意愿，自变量包括关系强度、用户感知风险、用户感知价值，着重研究自变量对微信朋友圈环境下信任度的单纯主效用，以及它们的交互作用。

5.4 数据分析和模型分析

5.4.1 数据分析

(1) 描述性统计分析

本书采用结构方程方法以检验概念模型的正确性。为获取具有稳定性的结构方程，数据样本量需要达到两百以上。

正式的问卷利用问卷星平台作为线上网络问卷和线下纸质问卷进行发布，其中电子问卷回收有效问卷 224 份，纸质问卷发放 200 份，剔除 33 份无效问卷，回收有效问卷 167 份，共计 391 份。

描述性统计分析为调研对象的可描述性特征，包括年龄、性别、学历、对微商及微信朋友圈购物行为的了解程度等，结果如表 5.13 所示。

表 5.13　　描述性统计分析

样本统计特征	分类	频次	百分比（%）
年龄	00 后	10	2.6
	90 后	248	63.4
	80 后	81	20.7
	70 后	47	12
	60 后	5	1.3
性别	男	163	41.7
	女	228	58.3
学历	博士或硕士	16	4.1
	大学本科或大专	264	67.5
	高中或中专	80	20.5
	初中	28	7.2
	小学及以下	3	0.8
是否存在微商	是	317	81.1
	否	74	18.9

本次调查研究中，调查对象主要在 27 岁以上，且 90 后的占比最为庞大，达 63.4%。大专或本科以上学历达 67.5%。一方面是因为该样本来源主要是高校学生，另一方面也体现出微信及微信朋友圈的使用对象普遍年轻化且教育程度也很高，他们更倾向于尝试，易于接受新鲜的事物，敢于尝试。然而，如表 5.14 所示，样本对象对于朋友圈内微商和借助微信朋友圈购物行为的了解程度呈现出巨大的反差，超半数的人们对二者印象一般，对二者了解度平均不超过 30%。

表 5.14　　用户对微信朋友圈内商家及购物行为的了解程度

了解程度	微信朋友圈内个人商家		微信朋友圈购物行为	
	频次	百分比（%）	频次	百分比（%）
完全了解	32	8.2	18	4.6
了解	92	23.5	96	24.6
一般	211	54	208	53.2
不了解	51	13	63	16.1
完全不了解	5	1.3%	6	1.5

（2）信度和效度检验

①信度分析。本文利用 SPSS 22 进行信度检验，采用 Cronbach's Alpha 系数检验可靠性（见表 5.15）。

表 5.15　　问卷总体 Cronbach's Alpha 信度检验结果

Cronbach's Alpha	基于标准化项目的 Cronbach's Alpha	项目个数
0.911	0.914	20

通过对全表的所有变量进行信度检验，结果表明所有变量的 Cronbach's Alpha 值为 0.911，大于 0.7，可说明该问卷的总体信度较好。

各变量的信度分析如表 5.16 所示，关系强度、感知风险、感知价值、信任度、购买意愿五个潜变量的 Cronbach's Alpha 系数在 0.774 ~ 0.857，均大于 0.70，且从表中“Cronbach's Alpha（如果项目已删除）”值可得，删除任意的一项都会导致 Cronbach's Alpha 值下降，即删除题项后的 Cronbach's Alpha 系数均小于其相应的 Cronbach's Alpha 系数值，“更正后的项目总计相关性”也基本满足基础要求，说明该问卷的可信度较高。

表 5.16　　信度检验结果

变量	编码	问题选项	更正后的项目总计相关性	Cronbach's Alpha（如果项目已删除）	各变量值 Cronbach's Alpha
关系强度	gx1	在微信平台我与商家很熟悉	0.639	0.817	0.843
	gx2	在现实生活我与商家很熟悉	0.685	0.798	
	gx3	在微信平台我与商家交流互动频繁	0.691	0.795	
	gx4	在现实生活中我与商家交流互动频繁	0.697	0.792	
感知风险	fx1	与其交易时担心个人隐私信息泄露	0.643	0.842	0.857
	fx2	与其交易时担心无售后服务、维权困难	0.763	0.792	
	fx3	与其交易时担心对方欺诈、款已付货不发	0.730	0.805	
	fx4	与其交易时担心实际产品与信息宣传不符	0.669	0.831	

续表

变量	编码	问题选项	更正后的项目总计相关性	Cronbach's Alpha（如果项目已删除）	各变量值 Cronbach's Alpha
感知价值	jz1	该商家会提供实际合理的产品价格	0.520	0.748	0.774
	jz2	该商家会详细介绍产品品质与功能	0.631	0.689	
	jz3	该商家能提供更符合自身需求的产品	0.635	0.689	
	Jz4	该商家的行为态度使我感到身心愉悦	0.523	0.747	
信任度	xr1	我认为该商家是诚实的	0.610	0.748	0.798
	xr2	我认为该商家是善意的	0.611	0.748	
	xr3	我认为该商家有能力完成交易	0.617	0.745	
	xr4	交易出现问题时商家会尽力给予帮助解决	0.603	0.751	
购买意愿	yy1	愿意浏览关注商家朋友圈促进购买决策	0.631	0.816	0.840
	yy2	购买同类商品时，优先考虑该商家	0.693	0.789	
	yy3	我有想购买该商家商品或服务的冲动	0.700	0.780	
	yy4	我会主动私聊和评论留言咨询相关信息	0.669	0.800	

②效度分析。

a. 专家效度。本研究的量表开发过程中，首先邀请相关研究经验者与导师对构念及其相对应的题项进行主观判断，使其拥有内容效度；其次采用统计分析法，如表5.16所示，项目总计相关性均在0.5以上，进一步说明该量表具有较好的内容效度。

b. 建构效度。根据表5.17显示的分析结果可知，所有问项与其相对应的潜在变量之间都拥有较高的标准化因子载荷，均大于0.6，在水平上显著。关系强度0.796～0.837，用户感知风险0.793～0.879，用户感知价值0.727～0.817，微信朋友圈环境下信任度0.784～0.795，消费者购买意愿0.791～0.841，均满足收敛效度要求。

此外，所有潜变量的平均变异数抽取量（AVE值）为0.5971～0.7009，全部超过0.50的最低要求，表明指标可以解释潜变量的大部分方差。之后，通过各潜变量的AVE值与潜变量间相关系数的平方进行比较，进一步检验量表的区别效度。表5.18得到的区别效度分析结果表明，每个潜变量的

表 5.17 效度检验结果

构念	题目代码	标准化因子载荷	平均变异数抽取量	组合信度
关系强度	gx1	0.796	0.6797	0.8946
	gx2	0.830		
	gx3	0.834		
	gx4	0.837		
用户感知风险	fx1	0.793	0.7009	0.9350
	fx2	0.879		
	fx3	0.859		
	fx4	0.815		
用户感知价值	jz1	0.727	0.5971	0.8553
	jz2	0814		
	jz3	0.817		
	jz4	0.728		
微信朋友圈环境下信任度	xr1	0.789	0.6233	0.8688
	xr2	0.790		
	xr3	0.795		
	xr4	0.784		
消费者购买意愿	yy1	0.791	0.6761	0.8930
	yy2	0.836		
	yy3	0.841		
	yy4	0.820		

AVE 值都大于潜变量之间相关系数的平方，区别效度通过检验。

表 5.18 区别效度分析结果

	关系强度	用户感知风险	用户感知价值	微信朋友圈环境下信任度	消费者购买意愿
关系强度	0.6797				
用户感知风险	0.0605	0.7009			
用户感知价值	0.2735	0.0453	0.5971		

续表

	关系强度	用户感知风险	用户感知价值	微信朋友圈环境下信任度	消费者购买意愿
微信朋友圈环境下信任度	0.2601	0.0681	0.5241	0.6233	
消费者购买意愿	0.2851	0.1576	0.4502	0.4761	0.6761

注：对角线上的粗体数字为 AVE 值。

5.4.2 模型分析

本文利用结构方程模型对前文描述的微信朋友圈消费者购买意愿的概念模型进行检验性的因子分析和路径分析，验证前文提出的七个假说是否成立。根据基本原理，模型可以分解为测量方程和结构方程两部分。定量反映潜变量与指标的关系为测量方程，量化反映潜变量与潜变量之间的关系为结构方程。

在本次研究中，概念模型采用结构方程的方法进行分析，它是一种利用统计学的假设检验理论进行分析的方法，把因素分析和路径分析相结合，能够了解模型变量的关系。此外，本研究还运用了验证性假设，考察两两潜变量间的关系。

(1) 模型适配度分析

在确认了量表的信度和效度之后，笔者在 AMOS 软件中设计出如图 5.5 的研究模型。在结构方程的分析方法中，允许变量有一定的误差，可以利用多个指数来评价数据与模型之间的拟合程度。

利用 AMOS 22 软件输入问卷数据运行，基于最大似然估计的方法计算得出每条路径的标准化回归系数与显著性，如图 5.6 所示。

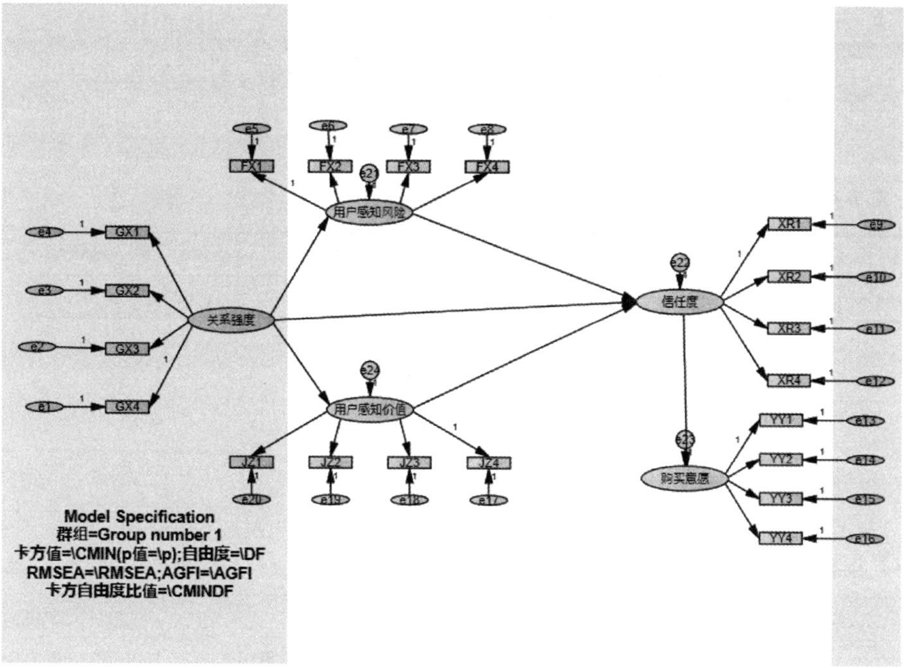

图 5.5 研究模型

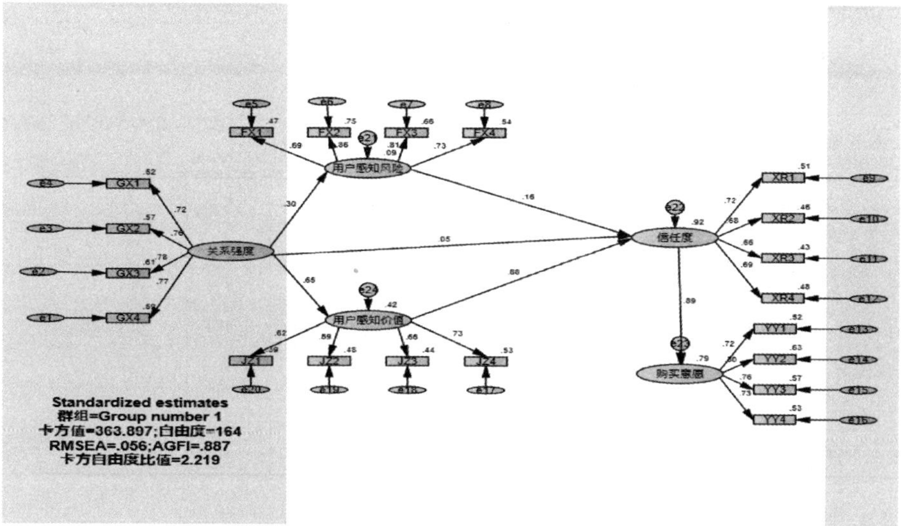

图 5.6 AMOS 下加入路径系数后的研究模型

如表 5.19 所示，模型的各项拟合指标基本符合要求，均在可接受的范围内。由此，可以说明建立的模型拟合效果是可以接受的，即结构模型与观测的样本数据具有良好的拟合效果，故不需要修正。

表 5.19　　模型拟合参数

Df	χ^2	χ^2/Df	GFI	CFI	NFI	IFI	RFI	RMSEA
164	363.897	2.219	0.912	0.946	0.907	0.947	0.892	0.056

(2) 模型假设检验

变量间的显著关系检验指标如表 5.20 所示。

表 5.20　　假设检验指标

P 值：显著性	结果
$P<0.05$	表示两变量间关系显著
$P\leqslant0.01$	表示两变量间关系非常显著
$P>0.05$	表示两变量间无显著关系

AMOS 结构模型下各路径系数如表 5.21 所示。

表 5.21　　模型各路径的系数结果

假设路径			Estimate	S. E.	C. R.	P	Label
用户感知风险	←	关系强度	0.312	0.063	4.956	***	par_ 16
用户感知价值	←	关系强度	0.600	0.061	9.803	***	par_ 17
信任度	←	关系强度	0.046	0.055	0.839	0.401	par_ 21
信任度	←	用户感知风险	0.139	0.033	4.166	***	par_ 18
信任度	←	用户感知价值	0.849	0.084	10.060	***	par_ 19
购买意愿	←	信任度	1.007	0.082	12.331	***	par_ 20

*，*** 代表 0.05，0.001。

结构模型中各变量之间的显著关系如表 5.22 所示。

表 5.22　各变量之间的显著关系

各个变量之间的显著关系	P 值（P<0.05）	显著性
关系强度与用户感知价值的关系	***	显著
关系强度与用户感知风险的关系	***	显著
关系强度与微信朋友圈环境下信任度的关系	0.401	不显著
用户感知风险与微信朋友圈环境下信任度的关系	***	显著
用户感知价值与微信朋友圈环境下信任度的关系	***	显著
微信朋友圈环境下信任度与消费者购买意愿的关系	***	显著

*，*** 代表 0.05，0.001。

由表 5.22 可知，关系强度与微信朋友圈环境下的信任度二者间的关系不显著，其余各变量间的关系显著。根据显著关系对假设进行检验可得，假设 H_3（关系强度对微信朋友圈环境下信任度有正向影响力）不成立，其余假设均成立。

模型假设检验结果见表 5.23。

表 5.23　模型假设检验结果

需要进行检验的假设	是否成立
H_1：关系强度对用户感知风险有负向影响力	成立
H_2：关系强度对用户感知价值有正向影响力	成立
H_3：关系强度对微信朋友圈环境下信任度有正向影响力	不成立
H_4：用户感知风险对微信朋友圈环境下信任度有负向影响力	成立
H_5：用户感知价值对微信朋友圈环境下信任度有正向影响力	成立
H_6：微信朋友圈环境下信任度对消费者购买意愿有正向影响力	成立

实证模型拟合如图 5.7 所示。

在结构模型的路径分析中，以非标准化与标准化的回归系数来区分各个路径系数，非标准化回归系数又称直接效果值，间接效果值为直接效果系数的乘积，标准化回归系数可表示为标准化直接效果值。在路径分析中，路径系数通常以标准化回归系数为直接效果值。

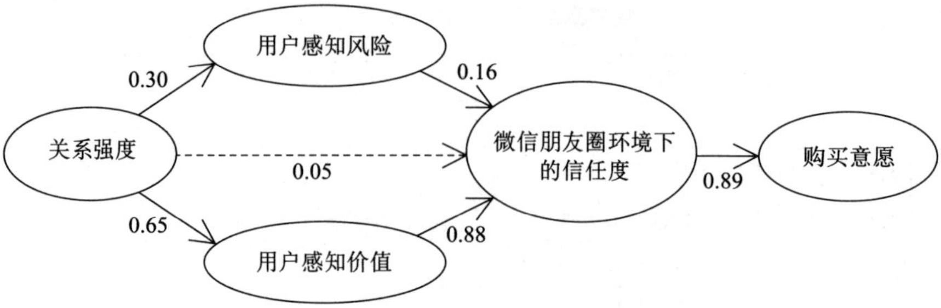

图 5.7　结构模型标准参数估计

根据变量间的回归系数，得到的路径分析模型如图 5.8 所示：显著性关系中，“关系强度”对“用户感知风险”的直接效果值为 0.30；“关系强度”对“用户感知价值”的直接效果值为 0.65；“用户感知风险”对“微信朋友圈环境下的信任度”的直接效果值为 0.16；“用户感知价值”对“微信朋友圈环境下的信任度”的直接效果值为 0.88；“微信朋友圈环境下的信任度”对“消费者购买意愿”的直接效果值为 0.89。

5.5　对策及建议

5.5.1　微信朋友圈环境下消费者购买意愿研究结论

本研究共有 6 个假设，其中的 5 个假设得到了支持和验证，而且大多数路径 P 值在小于 0.001 上显著。研究中将微信朋友圈环境下消费者的信任度作为中介变量，其最终目的是对消费者购买意愿的主要影响因素进行探究。根据各自变量对信任度与购买意愿影响程度的大小，对研究结果进行讨论分析：

①信任度是最重要的因素，与消费者购买意愿显著正相关，表明商家的能力、诚实、善意是影响消费者信任的关键，再次证实信任是微信朋友圈电

子商务中促进消费者购买意愿的最关键要素。

②用户感知价值是影响消费者信任度最重要的因素，二者呈显著正相关，表明在微信朋友圈环境中，商家提供足够的利益，会使消费者更加信服关注。再次验证了 Morgan 学者的观点，即价值是信任建立和维持的重要因素。

③用户感知风险是影响消费者信任度的次要因素，二者呈负相关，与以往研究中将感知风险作为信任构建的前因结论相符。无论是传统购物或网络购物都有不可避免的风险，任何一种不可预知的结果和不确定性都会让消费者主观上降低消费者信任度。

④关系强度与消费者信任度没有显著关系，虽在以往的研究中有关系强度影响信任度的结论，但在本研究中并不成立，可能是所提出的关系强度无法对中国人的人际交往做出完整准确的解释，忽略了功利情景下的人际交往，因而所得的结果与前人不同。

⑤关系强度对用户感知风险存在显著关系，与以往的研究结论相符。在微信朋友圈环境中，用户好友来源形式多样，双方间关系是由现实生活与网络交流互动交叉作用形成的。大体而言，微信最原始的好友圈是有一定熟悉程度和存在现实关系的好友，这会在一定程度上降低消费者购买决策中的不确定性。

⑥关系强度是影响用户感知价值的主要因素，二者关系呈显著正相关。在微信朋友圈社交移动化电子商务中，社交因素仍承担着举足轻重的作用，中国人性中一直存在着关系认同法则，双方间关系越强越亲密，就认为能够从对方那里得到更多的价值利益。

5.5.2 微信朋友圈环境下信任度存在的问题

虽然电子商务已历经多年发展，但基于微信朋友圈的社交移动化电子商务仍然存在信任危机。

①暴力刷屏现象。微信用户分享的商品信息形式多样，涉及的产品类别

繁多，朋友圈内宣传零成本低门槛，便捷简单，但采用暴力刷屏的方式，严重破坏了用户体验。一方面，信息泛滥，常出现满屏都是好友分享；另一方面，信息分享过量，狂轰滥炸式的信息发布，对微信好友造成了严重干扰。

②“三无产品”现象。微信朋友圈商家与电子商务平台商家不同，在不存在第三方监管制度的环境下，其容易受到利益驱使在朋友圈中销售山寨、假冒、低劣产品，商品质量并非如宣传所言，以至于很多人都认为微商是“伪”商。

③“维权难”现象。微信朋友圈的交易活动不存在第三方保障，靠的是不同于任何交易信任机制的双方信任。如若交易出现问题，受害者缺乏法律保障，消费者无法保护自己的权益。

④虚假信息满天飞，信用缺失。存在商家虚构有奖转发、积攒换礼等宣传方式，骗取微信用户的参与和关注，最后却不兑现，引起微信用户的极大不满。这类商家或经营者不注重自己的长期信用，导致了信用严重缺失。

5.5.3 提高微信朋友圈环境下信任度的对策与建议

移动化社交电子商务具有良好发展前景，是电子商务的未来趋势。通过本调研并结合相关的研究结论，为提高微信朋友圈环境下的信任度提供参考指导，促进社交移动电子商务发展。

（1）对于商家的对策与建议

上述研究结论表明，微信朋友圈环境下信任度与消费者购买意愿呈显著正相关，且影响程度值最高，即其是影响消费者购买意愿最重要的因素；从微信朋友圈环境下信任度存在的问题中也可以看出，信任是阻碍微信朋友圈移动社交电子商务的主要因素。因此，对微信朋友圈商家提出如下建议。

第一，建议微信朋友圈商家诚信经营，严格要求自己绝不销售“三无”、劣质商品，努力提高自身的商誉度，为整个微商行业大繁荣做出贡献。

第二，优化服务内容和服务流程，为消费者带去更好的用户服务体验，如刷屏会增加消费者的抗拒感从而产生厌恶心理，而信息发布频率合理的情况下则会提高消费者使用微信朋友圈的浏览体验，增加消费者对商家的好感度。

第三，尤其注重关系营销，与消费者建立和发展良好的合作关系。一方面，双方间良好的关系质量能够降低消费者在购买决策过程中的顾虑和不确定性，消费者主观感知的风险降低就会提高对商家的信任度，进而增加购买行为的概率；另一方面，双方关系强度愈强，消费者会主观认为对方会基于关系的亲密度和熟悉度给予适当的利益退让，在这种情况下，消费者对商家的信任度会愈强。

（2）对于消费者的对策与建议

对于消费者而言，自身的权益保护最重要，即需要增强自我保护意识。一是要在保证财产等个人信息安全的前提下进行交易，要有防范心理；二是切勿因小失大，贪图小利而购买廉价商品不仅会产生不愉快的购物经历也会降低个人的购物体验价值；三是尽可能多与好友分享关于安全购物的经验，提高自己对网络诈骗的认知能力；四是文明交易，共同构建和谐的社交电子商务平台。

（3）对于微信平台的对策与建议

第一，加强公众号、第三方运营商实名认证体系建设。在很多时候，微信朋友圈只是商家用来发布营销信息的平台，真正的交易活动则需要跳转至另一平台。因此，可以加强实名认证体系建设，落实责任主体，提高准入门槛。

第二，建立信用体系规范，曝光违法行为。打击假冒伪劣商品，需要从根本上解决问题。微信平台可以接入征信系统，首先，微信用户拥有一定的诚信值，并且按照诚信值分布等级；其次，只要存在不诚信行为，征信系统会自动记录，达到某一阈值，利用微信官方公众号自动曝光。这样，不仅可以从源头上解决商家或用户诚信的问题，还能在一定程度上避免假货销售现象。

第三，微信可以推出类似设置“收钱不发货举报”等功能，制定某些基于微信朋友圈电子商务的营销规则，在商家违反法律、政策和相关规则以及给买家造成损失的情况下，微信有权对其做账号冻结和交易活动记录处理。这些规范商家的举措，能够保障消费者权益，使微信朋友圈中的消费者不再处于弱势地位。

5.6 本章小结

本部分在以往文献研究的理论基础上，结合实际应用，构建商家与消费者关系强度、用户感知风险、用户感知价值、微信朋友圈环境下电子商务信任度和消费者购买意愿的概念模型，将微信软件用户作为调查对象，对样本数据进行实证分析。经研究发现：基于微信朋友圈环境下，商家与消费者间的关系强度对用户感知风险有负向影响，商家与消费者间的关系强度对用户感知价值有正向影响；用户感知风险对消费者信任度有显著的负向影响，用户感知价值对消费者信任度有显著的正向影响；用户感知风险和用户感知价值在商家与消费者间的关系强度和消费者信任度之间具有完全中介作用；微信朋友圈环境下信任度对消费者购买意愿具有正向影响。

本部分从用户与商家两个角度出发，研究中将微信朋友圈环境下消费者的信任作为中介变量，其最终目的是对消费者购买意愿的主要影响因素进行探究。一方面，透析现如今微信用户对微信朋友圈电子商务的信任程度；另一方面，为商家提供科学的运营策略与提高信任的可行性方法，从而扩大用户群，为微信朋友圈电子商务行业发展提供一些指导和建议。

第 6 章 社交电子商务消费者信任度影响因素研究

6.1 社交电子商务信任度概念模型与假设

6.1.1 概念模型的提出

电子商务活动中信任度的影响因素不仅存在一定的消费特性，还拥有一定的网站特性。根据以往的文献，陈洋（2013）指出，信息被推荐者的信任态度是促进消费者购买意愿最重要的因素，消费者对信任接收者的信任度越高，消费者的购买意愿越强，信息推荐者的地位对信任态度有着正向的影响。杨玉洁（2014）发现，网络好友的购买专业性、好友的推荐以及交易信息对消费者信任有着明显的促进作用。综合以往的研究结果并进行整理与补充，从信息推荐者的角度发现推荐者的社会影响、推荐者的专业性、推荐者与被推荐者的关系强度可能影响社交电子商务的信任度，而且推荐者的专业性还可能影响推荐者的社会影响；从推荐信息的角度，信息展示可能对社交电子商务信任度产生影响，而且推荐者的专业性还可能影响信息展示。社交电子商务信任度还可能影响被推荐者的购买意愿。所以，本部分构建了相关的社交电子商务信任度模型（见图6.1、表6.1）。

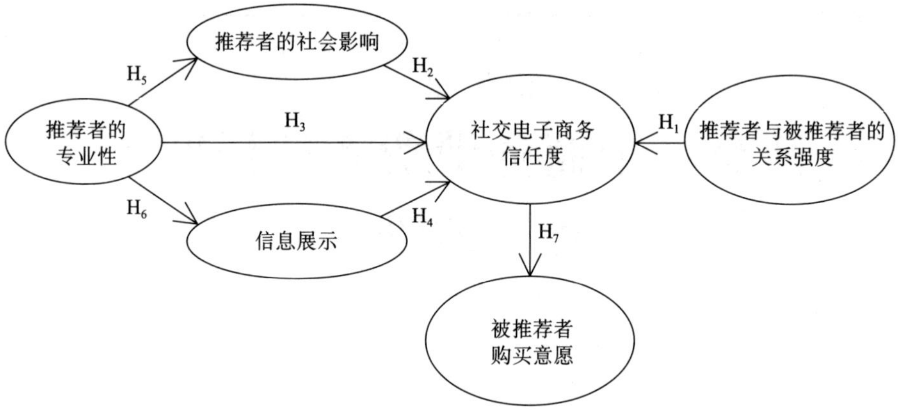

图6.1　社交电子商务信任度概念模型

表6.1　概念模型主要变量的定义

变量	定义
推荐者与被推荐者的关系强度	信息的推荐者与被推荐者之间的熟悉程度和亲密关系
推荐者的社会影响	推荐者对群体中他人的e态度或行为所发生的作用的结果
推荐者的专业性	信息推荐者熟悉商品或服务的相关信息；信息推荐者在相应领域算“行家”；信息推荐者对此商品或服务有十分丰富的购买使用经验
信息展示	描述产品或服务采用的关于文字、图像、音频、视频等信息传播形式
社交电子商务信任度	信任度具体体现在诚实、能力、善意三个维度上
被推荐者购买意愿	消费者的主观意图，即在多大程度上基于用户的推荐信息来购买商品

6.1.2 研究假设的提出

(1) 推荐者与被推荐者的关系强度与社交电子商务信任度的关系

毕继东(2009)在基于TAM理论的研究发现，关系强度是影响消费者购买的重要影响因素。研究表明，关系强度不同会对消费者产生不同的影响，从信息传播效果来看，关系强度较高的要大于关系强度较弱的，信息推荐者和信息被推荐者的关系强度越高，信息被推荐者就越容易受到信息推荐者的影响。因此，关系程度越强，信息的被推荐者会越信赖信息推荐者带来的信息。

在陈洋(2013)的研究中发现，社交电子商务中信息的推荐者和信息被推荐者的关联不仅存在于线上的交流互动，还存在于线下的沟通接触，所以本文认为关系强度为社交电子商务的信息推荐者与被推荐者(消费者)之间的联系紧密程度。这种紧密程度包括强关系和弱关系，强关系中包括自己的亲属、同事和朋友，弱关系中是由于信息推荐而产生的双方交互关系，具体体现在个人与平台上他人的关系。如果信息推荐者和被推荐者的关系紧密，即是强关系的时候，信息推荐者所推荐的信息更容易取得被推荐者的信任，因此，本研究假设：

H_1：信息推荐者的关系强度对社交电子商务信任度有正向影响力。

(2) 推荐者的社会影响与社交电子商务信任度的关系

一般来说，若社交平台内的成员拥有较大的社会影响，不仅自身拥有更广泛的人脉关系，而且通过自己日积月累的见识和历练，还会对商品或服务具有自己独特且丰富的购买使用经验，可以给予他人意见，影响他人购买行为。同时，通过访谈得知，社会影响力大的人对自己的言论更加负责，对普通的人影响作用更大，与此同时，社交平台中成员对社会影响较大的成员的意见会格外重视，认为社会影响较大的信息推荐者更能有效地帮助自己降低购买商品所承担的风险，就像“名人效应”一样。

在社交电子商务中，社会影响力较大的人往往拥有大量的拥护者，如微博的粉丝、微信的好友以及视频网站的浏览者等。因为其影响力较大，且已经拥有一定的群众基础，所以他们在推荐信息时较容易使消费者产生共鸣，并得到消费者的信赖，从而促使其产生购买行为。因此，本研究假设：

H_2：信息推荐者间的社会影响对社交电子商务信任度有正向影响力。

（3）推荐者的专业性与社交电子商务信任度的关系

Bristor（1990）的研究表明，信息被推荐者认为信息推荐者如果具有较高的专业性，则其具有提供准确可信赖信息的能力。在对商品信息不了解的情况之下，普通消费者会更相信专业性强的意见，且更倾向于主动地向专业知识水平高的专家寻求帮助，答疑解惑。信息推荐者对某一商品或服务的经验或知识越丰富，被推荐者所购买的商品或服务所产生的不确定性就越小，这也验证了信息专业性会提高消费者的购买意愿，消费者会青睐他们的意见，信赖专家的商品专业知识。所以，专业性较强的推荐者会对消费者的决策产生十分重要的影响。

在社交电子商务平台中，利用信息推荐者的专业知识与能力赢得平台其他成员的信任并且成功影响其购买行为的方法是十分重要的手段，例如在“美丽说”和“淘宝微淘”中，如果消费者想了解某一领域的知识和信息，可以进入“达人通道”或“红人频道”，这里面有一些在服饰、美容、健身等领域的专家版块，专家们会在里面分享一些商品和服务信息，从而帮助消费者进行购买决策。因此，本研究提出：

H_3：信息推荐者的专业性对社交电子商务信任度有正向影响力。

（4）信息展示与社交电子商务信任度的关系

随着互联网技术及多媒体技术的发展，社交平台的工具功能不断创新。信息展示也变得多样化、趣味化。信息在进行展示的时候可以表现为文字、图片、音频、视频等多种形式，且随着信息技术的不断发展，社交媒体能够以更新的方式进行全面直观的信息展示，除了商品本身的信息之外，还有通过短视频、其他消费的评价等方式为信息浏览者提供更多的信息，让其对将要购买的商品有了深层次的认识。Chen（2006）研究表明，网络信息的一个显著特点就是趣味性，而通过信息展示形式的不断变换可以增加其趣味性。

与传统的电子商务相比，社交电子商务更加重视商品或服务对消费者感官的吸引，往往花费大量精力在商品和服务的展示上，如国内知名的社交电子商务网站美丽说和蘑菇街等，在网页呈现中均采取图片瀑布流的方式，增加了网站用户在浏览时的愉悦度，使用户更加完整地了解商品信息。因此，本研究提出：

H_4：信息展示对社交电子商务信任度有正向影响力。

（5）推荐者的专业性与推荐者的社会影响的关系

信息推荐者的专业性主要体现为推荐者的专业能力。以往的研究显示，信息推荐者的专业性越强，表明该人在相应领域的经验越丰富，知识储备越多，在其领域就越有发言权，随着拥护者的不断增加，该人的影响力也会相应变大。因此，本研究提出：

H_5：信息推荐者的专业性对推荐者的社会影响有正向影响力。

（6）推荐者的专业性与信息展示关系

商品信息的展示是消费者了解商品最直观的方式，影响着消费者对商品的第一印象，因此信息展示对交易活动的顺利完成有着十分重要的作用。通过对以往的研究进行整理后发现，信息推荐者的专业性越强，越具有权威性和可靠性，了解的信息数量也会越多，在进行商品信息展示时，该推荐者会提出比他人更加真实可靠的信息，这些信息可以更好地满足被推荐者的需求，更有效地帮助他人完成交易。因此，本研究提出：

H_6：信息推荐者的专业性对信息展示有正向影响力。

(7) 社交电子商务信任度与被推荐者购买意愿的关系

与传统的购物方式相比，网络交易有许多的不确定因素，例如商品信息的不真实、不准确，交付延迟和个人信息泄露等问题，所以在电子商务交易中消费者会感受到更大的风险。McKnight（2002）认为信任包括诚实、能力和善意三个方面，在社交电子商务活动中，诚实表现出对社交平台上商品推荐信息准确度的信心；能力表示消费者对社交平台满足其购物需求的信心；善意表示社交电子商务平台及信息推荐者是从消费者的角度出发并关心消费者。因此，消费者对社交网络的信任度对电子商务交易有着重大影响。消费者的购买意愿往往与其对此商品或服务的渴望程度有关，当消费者对某种商品或服务有十分强烈的欲望时，往往会表现出对其更大的信心；反之，如果对商品或服务的需求性不高，要求没那么强烈，对其产生的怀疑度就会越高。因此，本研究提出：

H_7：社交电子商务信任度对购买意愿有正向影响力。

模型的假设见表 6.2。

表 6.2　　　　模型的假设

符号	假设说明
H_1	信息推荐者的关系强度对社交电子商务信任度有正向影响力
H_2	信息推荐者间的社会影响对社交电子商务信任度有正向影响力
H_3	信息推荐者间的专业性对社交电子商务信任度有正向影响力
H_4	信息展示对社交电子商务信任度有正向影响力
H_5	信息推荐者的专业性对推荐者的社会影响有正向影响力
H_6	信息推荐者的专业性对信息展示有正向影响力
H_7	社交电子商务信任度对被推荐者购买意愿有正向影响力

6.1.3 研究设计

根据上述模型、假设及变量定义，对概念模型中的各个变量进行量表设计，问卷的设计、分发、回收和分析。

（1）样本的选择

本书旨在研究社交电子商务信任度的影响因素，但由于在我国社交电子商务尚在发展阶段，存在着消费者认知不足和用户量不多的问题，所以研究对象拟选取对新兴事物接受度高的、有过网络交易经验的互联网用户。

（2）量表设计

①推荐者与被推荐者的关系强度。著名学者 Frenzen（1987）在研究消费者的购买行为时将关系强度划分为四个方面，包括熟悉程度、支持程度、亲密程度以及相似程度。本书根据其研究，得出具体的测量量表（见表6.3）。

表 6.3　　信息推荐者关系强度的测量量表

变量名	编号	问项	参考文献
推荐者与被推荐者的关系强度	gx1	在社交电子商务平台中我与信息推荐人很熟悉	Frenze（1987）常亚平（2010）
	gx2	在现实生活中我与信息推荐人很熟悉	
	gx3	在社交电子商务平台中我经常与信息推荐人交流互动	

②推荐者的社会影响。在具有社区属性的社交电子商务中测量具体的信息推荐者的社会影响时，借助了梦非（2012）对社会化商务意见领袖中关于知名度的测量问项，提出了本书中“社会影响”的测量量表（见表6.4）。

表 6.4　　信息推荐者社会影响的测量量表

变量名	编号	问项	参考文献
推荐者的社会影响	yx1	信息推荐者在社交电子商务平台上有主导地位	梦非（2012）陈洋（2013）
	yx2	信息推荐者在社会上拥有一定的地位和威望	
	yx3	信息推荐者在平台上拥护者众多	

③推荐者的专业性。根据文献，以往的关于信息推荐者的专业性知识和能力测量量表应用了五个指标：知识、能力、专家、训练和经验，所以笔者将选择其中与其他不重复的三个指标作为测量项（见表6.5）。

表6.5　　信息推荐者专业性的测量量表

变量名	编号	问项	参考文献
推荐者的专业性	zy1	信息推荐者熟悉推荐商品或服务的相关知识	Gilly（1998）
	zy2	信息推荐者是该领域的“行家”	梦非（2012）
	zy3	信息推荐者对此类商品或服务有丰富的购买使用经验	Bansal（2000）

④信息展示。社交电子商务更加重视商品或服务对消费者感官的吸引力，往往花费大部分精力在产品和服务的信息展示上，应用文字、图像、音频、视频等手段增加商品的趣味性（见表6.6）。

表6.6　　推荐信息感官线索测量量表

变量名	编号	问项	参考文献
信息展示	xx1	推荐信息的图像生动活泼	琚潇（2012）
	xx2	推荐信息有直观且准确的音频、视频解说	
	xx3	通过该推荐信息可以看到其他成员对其评论的内容和数量	

⑤社交电子商务信任度。McKnight（2002）认为信任包括诚实、能力和善意三个方面，在社交电子商务活动中，诚实表现出对社交平台上商品推荐信息准确度的信心，能力表示消费者对社交平台满足其购物需求的信心，善意表示社交电子商务平台及信息推荐者是从消费者的角度出发并关心消费者。在本书中，笔者选择此三个维度对社交电子商务信任度进行测量（见表6.7）。

⑥被推荐者购买意愿。被推荐者的购买意愿往往与其对此商品或服务的渴望程度有关，一般反映消费者的主观意图，即在多大程度上基于用户的推荐信息来购买商品（见表6.8）。

表 6.7　　社交电子商务信任度测量量表

变量名	编号	维度	问项	参考文献
社交电子商务信任度	xr1	诚实	我不担心信息推荐者推荐商品和服务质量有问题	McKnight (2002) Yaobin Lu (2010)
	xr2		信息推荐者推荐商品和服务能符合我的期望	
	xr3	善意	信息推荐者是为我着想的，而不是为了其他利益	
	xr4		信息推荐者是善意的	
	xr5	能力	我觉得信息推荐者推荐的商品和服务能满足实际需要	
	xr6		我觉得信息推荐者有丰富的知识和能力完成此次推荐	

表 6.8　　被推荐者购买意愿测量量表

变量名	编号	问项	参考文献
被推荐者购买意愿	yy1	我有想购买信息推荐者推荐商品和服务的冲动	Holzwarth (2006)
	yy2	我十分乐意信赖信息推荐者为我推荐商品和服务	
	yy3	信息推荐者对我的信任度有重要作用	

(3) 问卷制作

调查问卷将分为两个部分：第一部分为被调查者的基本特征，包括性别、年龄、学历、是否具有社交电子商务使用经验等变量；第二部分为各因素对社交电子商务消费者信任度的影响。此研究采用 Likert7 量表，分为七个等级。通过让调查对象选择最符合的选项，以获得本模型的数据。

(4) 问卷前测

在发布正式问卷前，笔者进行了问卷前测，选择了 19 个人作为被测试的对象，对相关变量的测量进行有效性分析（见表 6.9），了解试卷的完整性，再根据反馈的结果再次完善，正式的问卷请见附录。

从问卷前测样本的描述统计可以发现，由于前测对象大部分为接受新鲜事物多的大学生，经过调研的全部对象使用过社交电子商务，且普遍集中于 6 个月以上（见表 6.10）。

表 6.9　问卷前测样本的描述性分析

样本统计特征	分类	频次	百分比（%）
年龄	18－25 岁	15	78.5
	25－35 岁	2	10.5
	35 岁以上	2	10.5
学历	本科	17	89.5
	硕士	1	5.3
	博士	1	5.3
是否用过社交电子商务网站	是	19	100
	否	0	0
使用经验	不到 3 个月	1	5.3
	3－6 个月	1	5.3
	6 个月－1 年	2	10.5
	1－2 年	2	10.5
	2 年以上	13	68.4

表 6.10　社交电子商务网站使用情况

网站名称	频次	比例（%）
蘑菇街	10	52.6
小红书	8	42.1
美丽说	10	52.6
有货	6	31.6
人人逛街	1	5.3
淘江湖	2	10.5
微商	8	36.8
其他	1	5.3

由表 6.10 可得：“美丽说”、“蘑菇街”和“微商”是调查对象使用最多的，其中“蘑菇街”和“美丽说”都是采用瀑布流式布局的、以“社区＋电子商务”为功能的炙手可热的新型网站，他人的推荐是这种网站最重要的宣传途径；微商是利用微信、QQ 等集移动与社交为一体，产生的新型电商模式。

信度是指数据一致性的程度，本问卷共有21个问题，通过SPSS进行信度分析，信度分析如表6.11所示。

表6.11　　问卷量表总体变量的信度分析

可靠性统计资料	
Cronbach's Alpha	项目个数
0.900	21

共有26个可测变量，问卷总体Cronbach's Alpha值为0.900，表明总体信度良好，通过一致性检验。

根据表6.12显示各影响因素的Cronbach's Alpha系数均大于0.7，表明通过可信度检验。本研究利用因子分析法检查问卷的效度。

表6.12　　变量的信度检验

变量名称	可测变量个数	Cronbach's Alpha
关系强度	3	0.727
社会影响	3	0.701
专业性	3	0.816
信息展示	3	0.867
社交电子商务信任度	6	0.859
被推荐者购买意愿	3	0.752

由表6.13可知，前测问卷的KMO值都大于0.5，Battlett球体检验的显著性均较小，适合做因子分析，并依据最大方差法进行变量旋转，得到的因子负载值均大于0.5，因此这些变量的问题不需要调整。

（5）数据分析方法

本研究是以实验为基础的调查，与观察或者询问为主的调查有着本质的区别。实验法是利用了归纳法的逻辑，并通过科学设计的实验收集数据，从而进行统计分析以及对假设的检验，利用问卷调查法完成实验样本对总体的推断。本研究使用SPSS 22软件对数据进行描述统计分析，利用数字和图表

表 6.13　　问卷量表各个变量的效度检验

效度检验表					
推荐者与被推荐者的关系强度	因子负载值	KMO 值	Battlett 球体检验		
gx1	0.616	0.727	卡方	df	显著性 sig.
gx2	0.895		21.344	3	0.002
gx3	0.796				
推荐者的社会影响	因子负载值	KMO 值	Battlett 球体检验		
yx1	0.870	0.629	卡方	df	显著性 sig.
yx2	0.738		10.860	3	0.013
yx3	0.796				
推荐者的专业性	因子负载值	KMO 值	Battlett 球体检验		
zz1	0.818	0.661	卡方	df	显著性 sig.
zz2	0.912		18.649	3	0.000
zz3	0.837				
信息展示	因子负载值	KMO 值	Battlett 球体检验		
xx1	0.899	0.708	卡方	df	显著性 sig.
xx2	0.853		26.356	3	0.000
xx3	0.927				
社交电子商务信任度	因子负载值	KMO 值	Battlett 球体检验		
xx1	0.950	0.600	卡方	df	显著性 sig.
xx2	0.637		73.841	15	0.000
xx3	0.918				
xx4	0.917				
xx5	0.900				
xx6	0.858				
被推荐者购买意愿	因子负载值	KMO 值	Battlett 球体检验		
yy1	0.761	0.670	卡方	df	显著性 sig.
yy2	0.841		12.703	3	0.005
yy3	0.861				

来表现样本数据的分布和特征，选用的统计量包括样本数、均值、方差、最大值与最小值等。此外，研究中的因变量有两个，即社交电子商务信任度和被推荐者购买意愿，自变量包括推荐者与被推荐者的关系强度、推荐者的社

会影响、推荐者的专业性和信息展示，主要研究这些因素对社交电子商务信任度的单纯主效用，同时也包括它们的交互作用。

6.2 实证分析

6.2.1 描述性统计分析

本文检验研究模型是否正确使用的是结构方程方法，为了获取稳定的结构方程，样本量要达到200份以上；正式发布的问卷为网络问卷，利用问卷星平台，最终收回问卷320份，剔除9份无效问卷，最终有效问卷为311份。描述性统计分析的变量包括年龄、学历、使用经验、是否使用过社交电子商务网站等，结果如表6.14所示。

表6.14 描述性统计分析

样本统计特征	分类	频次	百分比（%）
年龄	18岁以下	1	0.3
	18-25岁	190	61.1
	25-35岁	84	27.0
	35岁以上	36	11.6
学历	初中	5	1.6
	高中	54	17.4
	本科	217	69.8
	硕士	32	10.3
	博士	3	1.0
是否使用过社交电子商务网站	是	301	96.8
	否	10	3.2

续表

样本统计特征	分类	频次	百分比（%）
使用经验	不到3个月	10	3.2
	3-6个月	8	2.6
	6个月-1年	17	5.5
	1年-2年	43	13.8
	2年以上	233	74.9

在此次调查研究中，88%的调查对象为35岁以上，且25~35岁的样本规模最庞大，本科以上学历为81%。75%的人使用社交电子商务已经两年以上，反映出现在的社交电子商务正在蓬勃发展，未来更有很大的上升空间。根据表6.15使用社交电子商务网站的数据来看，“蘑菇街”、“微商”、“小红书”分别为使用次数排名的前三位。

表6.15　　网站选择的统计分析

网站名称	频次	比例（%）
蘑菇街	171	55.0
小红书	105	33.8
美丽说	76	24.4
有货	60	19.3
人人逛街	17	5.5
淘江湖	35	11.3
微商	158	50.8
其他	60	19.3

6.2.2　信度和效度检验

（1）信度分析

本书采用Cronbach's Alpha系数检验，利用SPSS 22软件进行信度检验，得出问卷信度检验结果（见表6.16）。

表 6.16　　问卷总体 Cronbach's Alpha 信度检验结果

Cronbach's Alpha	基于标准化项目的 Cronbach's Alpha	项目个数
0.910	0.918	21

Cronbach's Alpha 值为 0.910，大于 0.7，说明问卷的总体信度较好。

表 6.17 是对各个分变量进行的信度分析。

表 6.17　　问卷各个变量 Cronbach's Alpha 信度检验结果

变量	问题选项	刻度均值（如果项目已删除）	刻度变异系数（如果项目已删除）	更正后的项目总计相关性	平方复相关系数	Cronbach's Alpha（如果项目已删除）	各变量值 Cronbach's Alpha
推荐者与被推荐者关系强度	gx1	9.9678	3.225	0.509	0.259	0.623	0.701
	gx2	10.1415	2.702	0.520	0.270	0.609	
	gx3	9.9550	2.875	0.528	0.279	0.593	
推荐者的社会影响	yx1	10.8617	2.778	0.535	0.297	0.769	0.771
	yx2	10.8521	2.423	0.681	0.475	0.602	
	yx3	10.7235	2.781	0.605	0.406	0.693	
推荐者的专业性	zz1	11.0354	2.021	0.709	0.528	0.669	0.804
	zz2	11.0322	2.115	0.678	0.500	0.703	
	zz3	10.9936	2.200	0.569	0.326	0.817	
信息展示	xx1	10.8714	1.641	0.551	0.330	0.661	0.736
	xx2	10.8939	1.489	0.631	0.402	0.563	
	xx3	10.8521	1.720	0.502	0.263	0.717	
社交电子商务信任度	xr1	26.6399	9.812	0.632	0.441	0.855	0.870
	xr2	26.5788	9.896	0.703	0.516	0.842	
	xr3	26.7203	9.654	0.659	0.441	0.850	
	xr4	26.6624	9.773	0.716	0.536	0.840	
	xr5	26.5338	9.966	0.704	0.509	0.842	
	xr6	26.5595	10.196	0.610	0.406	0.858	
被推荐者购买意愿	yy1	10.9132	1.963	0.683	0.474	0.791	0.837
	yy2	10.9228	1.910	0.738	0.545	0.735	
	yy3	10.8006	2.115	0.679	0.469	0.794	

从表6.17的"Cronbach's Alpha（如果项目已删除）"值可以看出，删除任意的一项都会导致Cronbach's Alpha值下降，更正后的项目总计相关性也基本满足要求，而且每一个变量的Cronbach's Alpha值系数均不小于0.7，说明该问卷的可信度较高。

（2）效度分析

①内容效度。此次研究在量表开发的过程中，首先邀请学者与专家对构念以及其对应的题项进行主观判断，让其有内容效度，而后采用了统计分析法，得到项目总体相关系数如表6.17所示，均在0.5以上，进一步说明了此量表具有较高的内容效度。

②结构效度。根据分析的结果，所有的问项在其对应的潜变量都拥有较高的标准化因子载荷，均大于0.6，在水平上显著，关系强度为0.784～0.799，社会影响为0.775～0.832，专业性为0.790～0.885，信息展示为0.764～0.857，社交电子商务信任度为0.731～0.817，被推荐者购买意愿为0.857～0.891，均满足收敛效度要求。

所有潜变量的平均抽取方差（AVE值）为0.609～0.754，全部超过0.50的最低要求，表明指标可以解释潜变量的大部分方差（见表6.18）。而后，进一步通过各潜变量的AVE值与潜变量间相关系数的平方进行比较，从而检验量表的区别效度。表6.19得到的区别效度的结果表明，每个潜变量的AVE值都大于潜变量之间相关系数的平方，区别效度通过检验。

表6.18　平均抽取方差

构念	题目代码	标准化因子载荷	平均抽取方差
推荐者与被推荐者的关系强度	gx1	0.784	0.626
	gx2	0.792	
	gx3	0.799	
推荐者的社会影响	yx1	0.775	0.687
	yx2	0.877	
	yx3	0.832	

续表

构念	题目代码	标准化因子载荷	平均抽取方差
推荐者的专业性	zz1	0.885	0.720
	zz2	0.868	
	zz3	0.790	
信息展示	gg1	0.805	0.655
	gg2	0.857	
	gg3	0.764	
社交电子商务信任度	xx1	0.749	0.609
	xx2	0.804	
	xx3	0.771	
	xx4	0.817	
	xx5	0.809	
	xx6	0.731	
被推荐者购买意愿	yy1	0.858	0.754
	yy2	0.891	
	yy3	0.857	

表 6.19　　区别效度的分析结果

	推荐者与被推荐者的关系强度	推荐者的社会影响	推荐者的专业性	信息展示	社交电子商务信任度	被推荐者购买意愿
推荐者与被推荐者的关系强度	0.626					
推荐者的社会影响	0.000	0.687				
推荐者的专业性	0.000	0.336	0.720			
信息展示	0.000	0.242	0.179	0.655		
社交电子商务信任度	0.045	0.255	0.228	0.196	0.609	
被推荐者购买意愿	0.048	0.275	0.246	0.211	0.326	0.754

6.2.3 假设检验及结果研究

根据前文描述的电子商务消费者信任的技术接受模型，利用结构方程模型，进行验证性因子和路径分析，检验前文提出的七个假设是否成立。

笔者根据前人的研究提出了如图 6.2 的研究模型，利用结构方程进行模型拟合度检验和假设检验，路径的标准化回归系数与显著性利用 AMOS 21.0 软件分析得出。

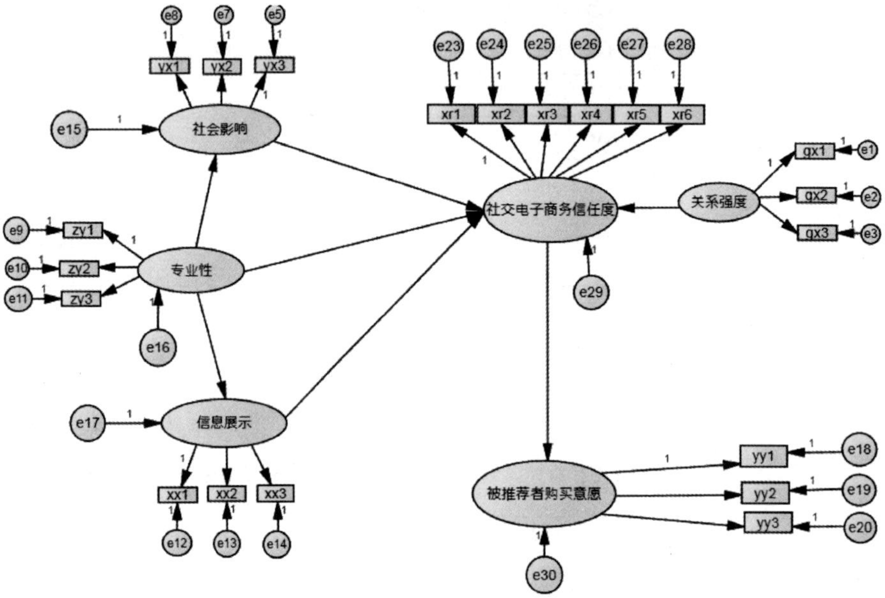

图 6.2 AMOS 下研究模型

根据问卷调查的数据得出概念模型如图 6.3 所示的路径系数的标准化回归系数和显著性。

根据表 6.20 的模型拟合指标可以看出，各项指标均在可接受的范围内，说明建立的模型拟合度基本符合要求，不需要修正。

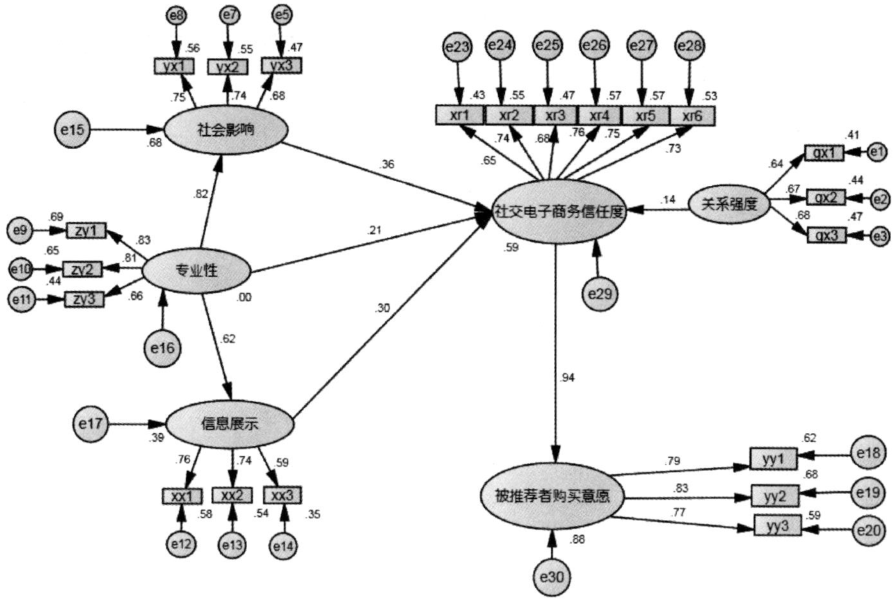

图 6.3　AMOS 下加入路径系数后的研究模型

表 6.20　　　　　　　　　　　　模型拟合参数

Df	χ2	χ2 /Df	GFI	CFI	NFI	IFI	RFI	RMSEA
182	421. 308	2. 315	0. 885	0. 922	0. 871	0. 922	0. 851	0. 065

6. 2. 4　实证研究结果及分析

根据表 6. 21 中的数据，如果 p 值小于 0. 05，则表示两个变量间关系显著，如果 p 值不大于 0. 01，则表示两个变量间关系非常显著，如果 p 值大于 0. 05，则表示两个变量之间没有显著的关系。

表 6. 21　　　　　　　　　　模型各路径的系数结果

假设路径			Estimate	S. E.	C. R.	P	Label
社交电子商务信任度	←	关系强度	0. 131	0. 052	2. 527	0. 012	par_ 9

续表

假设路径			Estimate	S. E.	C. R.	P	Label
社交电子商务信任度	←	社会影响	0. 323	0. 127	2. 544	0. 011	par_ 18
社交电子商务信任度	←	专业性	0. 168	0. 115	1. 470	0. 142	par_ 19
社交电子商务信任度	←	信息展示	0. 299	0. 075	3. 961	***	par_ 20
社会影响	←	专业性	0. 516	0. 065	7. 905	***	par_ 21
信息展示	←	专业性	0. 740	0. 072	10. 216	***	par_ 22
被推荐者购买意愿	←	社交电子商务信任度	1. 075	0. 096	11. 225	***	par_ 10

各变量之间的显著关系如表 6. 22 所示。由表 6. 22 可知，专业性与社交电子商务信任度之间不显著，根据显著关系对假设进行检验。

表 6. 22　　各变量之间的显著关系

各变量之间的显著关系	P 值（P<0. 05）	显著性
关系强度与社交电子商务信任度的关系	0. 012	显著
社会影响与社交电子商务信任度的关系	0. 011	显著
专业性与社交电子商务信任度的关系	0. 142	不显著
信息展示与社交电子商务信任度的关系	***	显著
专业性与社会影响的关系	***	显著
专业性与信息展示的关系	***	显著
购买意愿与社交电子商务信任度的关系	***	显著

*，*** 代表 0. 05，0. 001

如表 6. 23 所示，假设 H_3（信息推荐者间的专业性对社交电子商务信任度有正向影响力）不成立，其他的假设均成立。

实证模型拟合如图 6. 4 所示。

根据变量间的回归系数，得到的路径分析模型如图 6. 4 所示，显著性关系中，“推荐者与被推荐者的关系强度”对“社交电子商务信任度”的直接效果值为 0. 14，“推荐者的社会影响”对“社交电子商务信任度”的直接

表 6.23　　　　　　　　　　　模型假设检验结果

需要进行检验的假设	是否成立
H_1：推荐者的关系强度对社交电子商务信任度有正向影响力	成立
H_2：推荐者的社会影响对社交电子商务信任度有正向影响力	成立
H_3：推荐者的专业性对社交电子商务信任度有正向影响力	不成立
H_4：信息展示对社交电子商务信任度有正向影响力	成立
H_3：推荐者的专业性对推荐者的社会影响有正向影响力	成立
H_6：推荐者的专业性对信息展示有正向影响力	成立
H_7：社交电子商务信任度对被推荐者购买意愿有正向影响力	成立

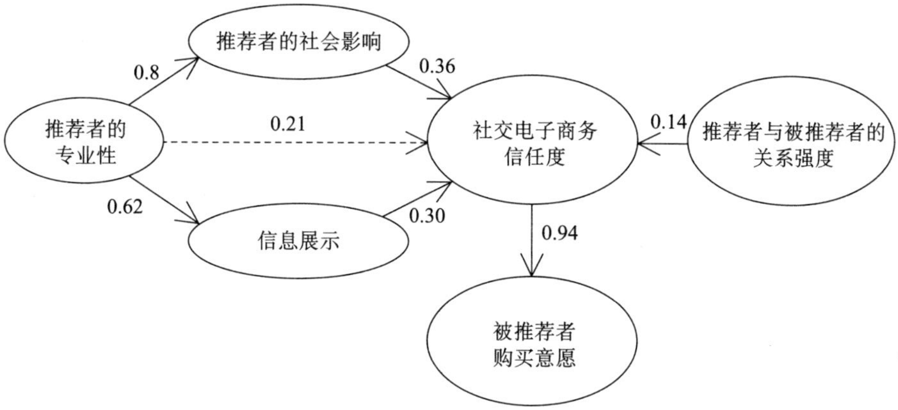

图 6.4　结构模型标准参数估计

效果值为 0.36，“信息展示”对“社交电子商务信任度”的直接效果值为 0.30，“推荐者的专业性”对“社会影响”的直接效果值为 0.82，“推荐者的专业性”对“信息展示”的直接效果值为 0.62，“社交电子商务信任度”对“被推荐者购买意愿”的直接效果值为 0.94；在非显著性关系中“推荐者的专业性”对“社交电子商务信任度”的直接效果值为 0.21。

在此研究中，H_1显示信息推荐者的关系强度对社交电子商务信任度有正向影响力。H_2显示信息推荐者间的社会影响对社交电子商务信任度有正向影响力。H_4显示信息展示对社交电子商务信任度有正向影响力。H_7显示社交电子商务信任度对被推荐者购买意愿有正向影响力。H_5显示信息推荐者的社会影响在信息推荐者间的专业性和社交电子商务信任度之间具有中介作用。H_6显示信息展示在信息推荐者间的专业性和社交电子商务信任度之间具有中介作用，考虑到信息推荐者间的专业性与社交电子商务信任度的直接联系不显著，信息推荐者的社会影响和信息展示在信息推荐者间的专业性和社交电子商务信任度之间具有完全中介作用。

6.3 本章小结

本部分研究共有 7 个假设，其中的 6 个假设得到了支持和验证，而且大多数路径 P 值在小于 0.05 上显著。在提取的因素中，推荐者与被推荐者的关系强度、推荐者的社会影响、信息展示都对社交电子商务信任度有正向的影响；社交电子商务信任度对被推荐者的购买意愿有正向的影响；推荐者的专业性对社交电子商务信任度没有显著影响。本研究的结论如下：

在本研究所涉及的几个因素中，影响购买意愿最重要的因素是社交电子商务信任度，其总体的效果值最高，与被推荐者购买意愿显著正相关，表明促进人们进行购买行为的关键因素为信息的被推荐者对社交电子商务信任度，即对能力、诚实和善意的肯定。与梦非（2012）等人的研究结论一致，从而进一步验证了在促进人们购买意愿的影响因素中，社交电子商务信任度是主要和关键的因素。

信息推荐者的社会影响是影响社交电子商务信任度最重要的因素，社交电子商务信任度显著正向相关，信息推荐者的社会影响越大，社交电子商务信任度也越高。在营销领域中，“名人效应”是重要的销售手段，通过名人的代言，能增加消费者对某种商品的信任感，促进销售。在社交电子商务中，社会影响力高的人一般分为两类：一种是在线下知名度高的人，包括明星、政客以及各领域专家等；另一种是在线上社交电子商务平台上活跃、威望值很高，大多数拥有该平台的认证、粉丝以及跟帖评论较高的平台领袖，又称之为“网络红人”。现实生活中的名人往往会推荐自己代言的商品，也会为其代言的商品负责，容易使消费者对商品的信息信服；“网络红人”因为其在平台上的知名度较高，信息推送较靠前，同时拥有许多的拥护者，消费者比较容易信任这类人推荐的信息。

信息展示是影响社交电子商务信任度第二重要的因素，这与以往的研究中视觉线索能够影响人们的购买意愿结论相同。信息的展示不仅包括视觉线索，还有听觉线索，信息的展示形式不仅局限传统的文字图像，还可以运用先进的数字媒体手段为人们提供音频、视频等更为详尽的信息，人们在一定程度上可以全方位地了解商品，降低人们对该商品或服务的怀疑度，提高社交电子商务的信任度，从而正向地影响购买意愿。

关系强度是影响社交电子商务信任度是主要的因素，但是作用不是太明显。在社交电子商务中，信息的推荐者与被推荐者既可以是现实生活中的亲朋好友，也可以是通过网络上的交流互动而形成的好友关系。一般来说可将其分为两类：一是关系强度越高，被推荐者与推荐者的互动频次越多；二是关系强度越高，信息的被推荐者就越信任推荐者的意见，相信推荐者了解自己的需求并能给出真实准确的意见。反之，关系强度越低，被推荐人往往只会把该信息当作参考，甚至忽略。

专业性与社交电子商务信任度没有显著的关系，虽然以往的研究中存在信息推荐人的专业能力影响信任态度及购买意愿的结论，但是在本研究中并不成立，可能是由于现实和网络环境中所谓的“专家”过多，他们所传递的知识、信息等有凭空捏造的嫌疑，出现“专家不专”现象，导致了专家的口碑效应降低，人们对信息的真实性、可靠性产生怀疑，自然不能形成稳定的信任度。这也在一定程度上解释了专业性与社交电子商务信任度没有显著的关系。然而，专业性对社会影响和信息展示都有显著关系，表明专业性越强，信息推荐者的社会影响力越大；专业性越强，信息展示的丰富性、趣味性越强，信息展示的越全面。社会影响和信息展示都对社交电子商务信任度有显著关系，在专业性与社交电子商务信任度之间有完全中介作用，所以专业性在某种程度上影响了社交电子商务的信任度，从而影响了被推荐者的购买意愿。

第7章 结　论

7.1 我国社交电子商务总体发展方面

我国社交电子商务虽然起步较晚，但是发展速度很快，呈现出自身发展的一些特点。现有的社交电子商务平台有三种类别：依托现有的电子商务网站构建社区、基于社区的社交电子商务、第三方社交电子商务平台。

我国社交电子商务在发展过程中存在着用户信息隐私易泄露、行业管理体制及法律法规不完善、支付系统安全性欠缺、过度依赖上游、市场容量有限、信息分享过度等问题。这些问题可以通过制定行业自律规则和安全审查测评体系、加强立法和标准规范体系建设、不断进行技术革新、实现良好的差异化竞争、突出口碑传播和意见领袖影响力和大数据与社交电子商务相结合等对策来解决。

在学术研究方面，我国社交电子商务的研究方向包括：尝试利用仿真模拟实验验证社交电子商务的传播效果；将社交电子商务与其他领域进行跨界研究；针对社交电子商务的商业模式和平台是否符合消费者的需求，尝试利用仿真软件进行验证。

7.2 社交电子商务总体消费者行为方面

Web2.0概念进入中国，交互性思想深入人心，尤其是近几年来，社交媒体和电子商务相互结合，而且发展势头良好。

通过对微信、微博等社交平台上的电子商务消费者行为的分析发现，社交电子商务存在消费者的接受程度不高、消费者安全无法保障、个人微商暴力刷屏引起消费者反感、平台的不充分利用导致消费者满意度低、企业过度重视营销而忽略消费者质量等问题，下一步，需要对基于消费者行为所提出的问题给出解决对策，其正确性和适用性还有待于从实际中加以验证。

7.3 基于微信的社交电商发展方面

微信作为移动互联网时代的代表性产品，从其功能、特点、实用性等方面，都起到了一定的示范与带动作用，而基于其产生的微信社交电商更是作为一个新型的电商模式被国内外广泛研究与探讨，但是在互联网技术高速发展的今天，产品的更新换代更是以几何倍数增长，而基于微信发展的社交电商的一些问题也慢慢显现出来，出现问题，如何解决问题更显得尤为重要。

基于微信的社交电商能够取得今天的进步，更多得益于其庞大的用户基数，以及近病毒式传播的营销方式，微信起初并没有料想到这一发展状况，于是随之做了战略性的调整以及生态体系的建立，更进一步加速了基于微信的社交电商的发展。

微信的战略性布局以及敏锐的市场把控力为其赢得了今天的移动互联网中的地位，但基于微信的社交电商虽是微信生态体系中重要的一环，但其存在的一些问题显得尤为突出，因此针对这些存在的问题找到一个针对性的解决办法就显得非常重要。本书针对基于微信的社交电商存在的问题进行了细致彻底的研究，提出恰当的解决方案，对个人应提高自我保护意识，个人商家应合理营销，企业应建立信用体制机制，微信应进行功能升级，开通相应的监控与处理办法，政府应加强监管，定期抽检，设立黑白名单等提出切实的解决办法，具有一定的实际意义。

本书对基于微信的社交电商的现状分析虽然全面但不够细化，对一些问题的解决方案，有些时间跨度比较大，有些需要多个部门进行联动。

7.4 基于微信朋友圈的消费者购买意愿影响因素方面

在以往文献研究的理论基础上，结合实际应用，构建商家与消费者关系强度、用户感知风险、用户感知价值、微信朋友圈环境下电子商务信任度和消费者购买意愿的概念模型。将微信软件使用用户作为调查对象，对样本数据进行实证分析，研究发现：基于微信朋友圈环境下，商家与消费者间的关系强度对用户感知风险有负向影响，商家与消费者间的关系强度对用户感知价值有正向影响；用户感知风险对消费者信任度有显著的负向影响，用户感知价值对消费者信任度有显著的正向影响；用户感知风险和用户感知价值在商家与消费者间的关系强度和消费者信任度之间具有完全中介作用；微信朋友圈环境下信任度对消费者购买意愿具有正向影响。

本书从用户与商家两个角度出发，研究中将微信朋友圈环境下消费者的信任作为中介变量，其最终目的是对消费者购买意愿的主要影响因素进行探究。

一方面透析如今微信用户对微信朋友圈电子商务的信任程度；另一方面，力求为商家提供科学的运营策略与提高信任的可行性方法，从而扩大其用户群，为微信朋友圈电子商务行业发展提供一些指导和建议。

7.5 社交电子商务消费者信任度方面

7.5.1 社交电子商务信任方面存在的问题

即使经过了近几年的大力发展，基于社交网络的电子商务在信任方面还是存在许多问题。从信息推荐者的角度来说，许多用户分享的营销信息并不是十分可靠的，主要涉及包括服装、化妆品和电子设备等海外代购，或者减肥药、健康产品等商品，推荐者的动机不再从单纯的推荐好商品出发，而是加上了有偿推广的意味。同时，此类平台缺乏监管部门，就会导致山寨、假冒品牌和低劣商品的肆意横行。很多微商都是做代购生意的，尤其是海外代购奶粉、化妆品、奢侈品等，利益的驱使使部分信息推荐者通过平台进行商品的宣传，导致很多人认为微店是“伪”店，不愿在该平台上进行商品交易。久而久之，就会使人们对该平台上推荐或销售的商品的可靠性产生怀疑，对其信任度降低，认为通过此种渠道购买商品不能完全保障自己的利益。特别需要注意的是，社交电子商务平台内成员之间的私下交易并没有类似淘宝平台的第三方保障，仅仅靠的是双方信任，与交易信任机制没有关系，所以一旦买到假货也无处维权，缺乏法律保障，消费者根本无法保障自己的权益。

从推荐信息的角度来说，利用现有的信息推广方式，包括文字、图像、音频和视频等，可以很好地满足人们了解商品的需求，但由于社交电子商务的一部分平台并没有相应的店铺设置，商品的简介、价格、种类均通过社交电子商务的平台分享，宣传采用暴力刷屏的方式，分享的信息过量，极大地破坏了用户在浏览时的体验，无疑对用户造成了极大的骚扰。与此同时，某些商家会发布有奖转发、集赞加友换礼等方式骗取平台内广大用户的关注，事后不兑现承诺，不注重自己的长期信用，引起用户极大的不满，导致了信任的缺失。现在这种现象十分普遍，但由于平台的信息量太大而无法对其进行规范管制。

7.5.2 对策与建议

社交电子商务具有良好的发展前景，是电子商务的发展趋势。通过本次研究，结合相关的研究结论，为提高社交电子商务信任度提供一定的指导，进而促进社交电子商务的发展。

（1）对于卖方的对策建议

取得消费者的信任是社交电子商务成功的基础。社交电子商务具有商品交易属性，成功运营的核心是能够促进商品的销售，从而获得利润，因而获得消费者信任是十分重要的。建议卖方诚信经营，努力提高自身的声誉，优化服务，尽量避免不诚信、不平等的交易，在交易活动中为消费者提供高品质的商品或服务。交易中一旦发生矛盾冲突，卖方一定要及时补救，积极与消费者联系，将交易双方的利益损失降到最低，尽力留住客户。

提高信息展示的丰富性和多样性。商品信息的展示是重要的商品推广手段，也是消费者了解商品的最为直观的一种方式。建议卖方在保证信息真实可靠的前提下，尽可能利用文字、图像、视频等多种方式，将商品的性能、特点和全貌用富有创造性的方式呈现给消费者，展示应由浅入深，方便消费者进行比较、鉴别与挑选，从而引起消费者的购买兴趣，促进消费者完成购买行为。

积极与消费者沟通从而获取有效信息。在买卖双方的交涉过程中，卖方要主动与消费者进行沟通，积极从消费者的角度考虑，提升消费者满意度并信任卖方发布的信息。卖方还应该在该平台中多结交好友，并与他们进行友善的交流互动，发展潜在用户，同时也可以主动咨询老客户和网络好友，为完善商品服务质量和提高社交电子商务信任度提出更多的建议，可以更加有效地获得调整方案。

（2）对于买方的对策建议

在保证财产信息安全的前提下进行交易。网络诈骗的例子屡见不鲜，买方要有防范心理，切勿轻易相信他人，要主动查阅相关信息，了解各种诈骗手段的防范和应对方法，切勿贪图小利而购买廉价商品，被网络上的低价蒙蔽了双眼，这不仅会产生与卖家不愉快的经历，也无法得到令自己满意的解决方案。同时，应尽可能多地与好友分享关于安全购物的经验，提高自己对网络诈骗的认知能力。

进行文明交易，共同构建和谐的社交电子商务平台。建议买方在平台内结识兴趣爱好相同的益友，经常进行信息的沟通交流，丰富自己的购物经验。同时，在交易前与卖方进行积极有效的沟通，尽可能多地了解商品信息，减少商品交易的不确定性。

（3）对于社交电子商务平台的对策建议

增加卖方准入管理机制。目前，社交电子商务平台的发展非常迅猛，用户通过 APP 客户端便可轻松开店。很多平台商都在积极进行招商引资，吸引卖家和买家加入，管制的力度不够，这也间接导致了平台内卖方存在商品质与量服务不达标的情况。因此，社交电子商务平台需要切实对卖方准入实施严格管理，指定相应的信用等级，对虚假信息的发出者予以封号、封店等处罚，真正规范社交电子商务的交易行为。

提高社交电子商务交易安全性。社交电子商务平台可以建立自己专属的交易平台，也可以利用第三方支付平台，将其提供给买卖双方。由于交易资金在交易平台中流转，电子商务平台一定要加强支付平台的安全机制，建立安全防盗系统，并建立专业的部门进行管理维护，切实保障消费者的利益。

附录 1

用户使用社交电商状况的调查问卷

亲爱的女士/先生：

现今，社交网站（如：人人网）和电子商务网站（如：淘宝网）的结合越来越紧密，社交化电子商务已经成为电子商务发展的必然趋势。本次问卷主要是针对社交电子商务使用状况以及影响消费者行为因素进行调查研究，所得数据仅用于科学研究使用，严格遵循保密原则，请您按照自己的真实情况作答，您的帮助对我们至关重要。谢谢！

1. 您的性别：

A. 男　　B. 女

2. 您的学历：

A. 初中　　B. 中专及高中

C. 专科　　D. 本科

E. 研究生及以上

3. 您现在的工作状态：

A. 正在上学，还未参加工作　　B. 已经参加工作

4. 下列社交网站您使用过的有？（可以多选）

A. QQ、微信等即时通信工具

B. 微博

C. 人人网

D. 百度贴吧、豆瓣、天涯社区、知乎等

E. 世纪佳缘、脉脉等社交网站

5. 您是否听说过社交电子商务这一概念?

A. 是　　B. 否

6. 您浏览过下列哪些网站?

A. 蘑菇街

B. 美丽说

C. 淘宝社区（淘江湖等）

D. 人人爱购、人人逛街

E. 微信小店，微商

F. 堆糖网、花瓣网

G. 上述网站都没有浏览过

7. 您的微信朋友圈或者 qq 空间有微商吗?

A. 有　　B. 无

8. 您在微信朋友圈或者 qq 空间购买过产品吗?

A. 是　　B. 否

9. 如果您购买过，您购买的原因是什么?

A. 朋友销售，给朋友捧场　　B. 觉得产品物美价廉

C. 真正需要本款产品　　D. 其他

10. 如果您购买过，您购买的产品是什么?

A. 食品类　　B. 书籍类

C. 电子产品类　　D. 鞋帽服饰类

E. 其他

11. 如果您没有购买过，原因是什么?

A. 对所售产品没有需求　　B. 不太相信产品质量

C. 觉得售后没有保证　　D. 觉得付款等不太安全

E. 其他

12. 如果改掉您认为的这些原因，您会在个人开的微信小店上购买产品吗?

A. 会　　　　　　　　　　　　　　B. 不会

13. 在您的朋友圈，您注意过企业的广告推广信息吗?

A. 从没注意到　　　　　　　　　　B. 偶尔会看到

C. 经常浏览

14. 您是否会关注企业的公众号?

A. 是　　　　　　　　　　　　　　B. 否

15. 对于企业的公众号，什么更能够吸引您的注意?

A. 促销信息（如品牌闪购、特价秒杀等）

B. 公众号的业务功能（会员积分等）

C. 每天推送的新闻消息

D. 什么都不会关注

16. 企业广告推送的产品和个人销售的产品，您更倾向于哪一个?

A. 企业　　　　　　　　　　　　　B. 个人

17. 您了解淘宝社区（淘宝论坛、淘江湖等）吗?

A. 十分了解，经常浏览　　　　　　B. 了解，偶尔逛逛

C. 只听说过，没逛过　　　　　　　D. 从来没有听说过

18. 在人人爱购，美丽说等一些社交网站上，您会关注一些时尚达人吗?

A. 基本都是关注时尚达人　　　　　B. 偶尔关注

C. 从不关注

19. 在微博、人人等社交网站上，您更多关注的是（可多选)?

A. 朋友同学　　　　　　　　　　　B. 同事

C. 同城、同校的陌生人　　　　　　D. 明星歌手

E. 兴趣相投的时尚达人

20. 当社交网站上有人分享购物产品信息时，您会?

A. 从不浏览关注　　　　　　　　　B. 看自己需求关注

C. 看关系远近进行浏览关注　　　　D. 基本都会浏览一下

21. 当在社交电子商务网站上购买产品时，您更多的关注哪一些方面

(两个即可)?

A. 价格　　B. 质量

C. 品牌　　D. 口碑

E. 销售和宣传的渠道　　F. 其他________

22. 当在电商网站上购买产品时，你会浏览产品的评价信息吗?

A. 会的，评论的好坏直接影响决策

B. 有时会关注一下评论

C. 不会关注，评论好坏不影响购买

23. 您经常分享自己的购物经验吗?

A. 从来不会　　B. 偶尔会

C. 经常会分享　　D. 次次都会分享

再次感谢您在百忙之中抽出宝贵的时间为我们填写问卷，我们在此感谢您的参与和支持!

附录 2

基于微信的社交电商消费行为模式调查问卷

您好！请您利用几分钟的时间来认真填写这份问卷，以供我们更加了解基于微信的社交电商消费行为模式。对于以下问题，请选择您认为比较合适的选项。谢谢合作！

1. 您的性别：

A. 男　　B. 女

2. 您目前现在的年龄：

A. 15～20 岁　　B. 21～25 岁

C. 26～30 岁　　D. 31～35 岁

E. 36～40 岁　　F. 41～45 岁

G. 46～50 岁　　H. 51～60 岁

I. 60 岁以上

3. 您是否在微信中购买过商品？

A. 购买过　　B. 没有购买过

4. 您是通过微信的哪些途径购买商品的？

A. 微信朋友圈　　B. 微信公众号

C. 微信钱包第三方服务接口　　D. 微店

E. 其他

5. 请问您在微信中主要购买哪些商品（可多选）？

A. 面膜　　B. O2O

C. 化妆品　　D. 服饰

E. 零食　　F. 珠宝玉器

G. 减肥药　　H. 手机

6. 您在购买时的考虑因素有哪些（可多选）？

A. 对卖家的熟悉程度　　B. 商品的来源及品质

C. 价格的合理程度　　D. 付款方式

E. 售后服务　　F. 其他

7. 请问您对于朋友圈刷屏营销推广商品的做法有什么看法？

A. 心生厌恶，选择屏蔽

B. 置之不理，直接略过

C. 会大概浏览内容，但是坚决不会购买

D. 对感兴趣的商品会主动询问卖家，并有购买想法

E. 其他选择

8. 您在微信购买的商品质量如何？

A. 质量很好

B. 质量一般，有瑕疵但并不影响使用

C. 较差，实物与宣传不符

D. 非常差，有严重的质量问题

9. 您在微信上购买商品后，售后保障如何？

A. 完全能保障　　B. 能保障

C. 一般　　D. 基本不能保障

E. 完全不能保障

10. 当您在微信上购买商品时，会采用哪种付款方式？

A. 微信直接转账支付　　B. 支付宝支付

C. 淘宝店铺支付　　D. 线下当面支付

E. 货到付款支付

11. 请问您对于基于微信的社交电商有什么看法？

附录3

基于微信朋友圈的消费者购买意愿影响因素研究调查问卷

尊敬的女士/先生：

您好！本次调查主要研究基于微信朋友圈消费者购买意愿的影响因素。

微信朋友圈移动社交电子商务，是指个人与个人之间基于微信形成的朋友圈营销模式。

微商指通过自己朋友圈分享一切与商品有关的信息进行交易付款、转到其他传统电商或转到其他电商平台进行商品销售的微信用户。

欢迎参加本次匿名调查，所得数据仅用于研究使用，严格遵循保密原则，请您按照自己的真实情况作答，您的帮助对我们至关重要，谢谢！

Part1 基本信息

1. 您的年龄段是：

○ 00 后　○ 90 后　○ 80 后　○ 70 后　○ 60 后

2. 您的性别：　○ 男　○ 女

3. 您的学历：

○ 硕士及博士　○ 大学本科或大专　○ 高中或中专　○ 初中

○ 小学及以下

4. 朋友圈是否存在微商。　○ 是　○ 否

5. 您对微商的了解程度。

○很了解 ○ 了解 ○ 一般 ○ 不了解 ○ 很不了解

6. 您对微信朋友圈购物行为的了解程度。

○很了解 ○ 了解 ○ 一般 ○ 不了解 ○ 很不了解

Part2 对微信朋友圈购买意愿的影响因素研究

请回忆您微信好友中任意一位个人商家，在下述问题答案中符合个人情况的圆圈上打"√"。

7. 在微信平台中我与该商家很熟悉。

○完全不符合 ○不符合 ○一般 ○符合 ○完全符合

8. 在现实生活中我与该商家很熟悉。

○完全不符合 ○不符合 ○一般 ○符合 ○完全符合

9. 在微信平台中与该商家交流互动频繁。

○完全不符合 ○不符合 ○一般 ○符合 ○完全符合

10. 在现实生活中与该商家交流互动频繁。

○完全不符合 ○不符合 ○一般 ○符合 ○完全符合

11. 与该商家交易时我会担心银行卡号、家庭住址等个人隐私的信息泄露。

○完全不符合 ○不符合 ○一般 ○符合 ○完全符合

12. 与该商家交易时我会担心无售后服务、维权困难。

○完全不符合 ○不符合 ○一般 ○符合 ○完全符合

13. 与该商家交易时我会担心对方欺诈。

○完全不符合 ○不符合 ○一般 ○符合 ○完全符合

14. 与该商家交易时我会担心实际产品与信息宣传不符（如产品质量、外观与功能等）。

○完全不符合 ○不符合 ○一般 ○符合 ○完全符合

15. 该商家会提供更合理实际的产品或服务价格。

○完全不符合 ○不符合 ○一般 ○符合 ○完全符合

16. 该商家会详细介绍产品品质与具体功能。

○完全不符合 ○不符合 ○一般 ○符合 ○完全符合

17. 该商家会提供更符合我自身需求的产品。

○完全不符合　○不符合　○一般　○符合　○完全符合

18. 该商家的行为态度会使我感到身心愉悦。

○完全不符合　○不符合　○一般　○符合　○完全符合

19. 我认为该商家是坦诚的。

○完全不符合　○不符合　○一般　○符合　○完全符合

20. 我认为该商家是善意的。

○完全不符合　○不符合　○一般　○符合　○完全符合

21. 我认为该商家有能力完成交易活动。

○完全不符合　○不符合　○一般　○符合　○完全符合

22. 交易出现问题时，该商家会尽力给予帮助和解决。

○完全不符合　○不符合　○一般　○符合　○完全符合

23. 我愿意浏览和关注该商家微信朋友圈动态，从而帮助我进行购买决策。

○完全不符合　○不符合　○一般　○符合　○完全符合

24. 购买同类商品时，我会优先考虑该商家。

○完全不符合　○不符合　○一般　○符合　○完全符合

25. 我有想购买该商家商品和服务的冲动。

○完全不符合　○不符合　○一般　○符合　○完全符合

26. 我愿意主动私聊或评论留言咨询商品或产品的相关信息。

○完全不符合　○不符合　○一般　○符合　○完全符合

问卷到此结束，感谢您的支持！

附录 4

社交电子商务消费者信任度的影响研究调查问卷

尊敬的女士/先生：

您好！本次调查主要研究社交电子商务消费者信任度的影响。所谓社交电子商务，是指依托社交平台进行电子商务交易，并在交易过程中融进关注、分享、沟通、讨论等社交化的元素，例如蘑菇街、美丽说等平台。

欢迎参加本次无记名调查，所得数据仅用于科学研究使用，严格遵循保密原则，请您按照自己的真实情况作答，您的帮助对我们至关重要，谢谢！

Part1 基本信息

1. 您的年龄段：

○ 18 岁以下　○ 18 ~25 岁　○ 25 ~35 岁　○ 35 岁以上

2. 您的学历：

○ 初中　○ 高中　○ 大学本科　○ 硕士研究生　○ 博士研究生

3. 您是否有社交电子商务浏览或购物经验：　○ 是　○ 否

4. 您曾经浏览或经常浏览以下的网站（可多选）：

□ 蘑菇街　□ 小红书　□ 美丽说　□ 有货　□ 人人逛街

□ 淘江湖　□ 微商　□ 其他

5. 您的社交网站使用经验有多久：

○不到 3 个月　○3 ~6 个月　○6 个月 ~1 年　○1 年 ~2 年

○2 年以上

Part2 对社交电子商务消费者信任度的影响因素研究

请回忆过去您在社交电子商务平台中的经验。请您在符合个人情况的数字上打“√”。

1 = 完全不符合，2 = 不符合，3 = 有点不符合，4 = 不确定，5 = 有点符合，6 = 符合，7 = 完全符合

6. 在社交电子商务平台中我与信息推荐者很熟悉。

完全不符合○ 1 ○ 2 ○ 3 ○ 4 ○ 5 ○ 6 ○ 7 完全符合

7. 在现实生活中我与信息推荐人很熟悉。

完全不符合○ 1 ○ 2 ○ 3 ○ 4 ○ 5 ○ 6 ○ 7 完全符合

8. 在社交电子商务平台中我经常与推荐人讨论互动。

完全不符合○ 1 ○ 2 ○ 3 ○ 4 ○ 5 ○ 6 ○ 7 完全符合

9. 信息的推荐人在电子商务平台中一般起着主导地位。

完全不符合○ 1 ○ 2 ○ 3 ○ 4 ○ 5 ○ 6 ○ 7 完全符合

10. 信息的推荐人在电子商务平台上有一定的地位和威望。

完全不符合○ 1 ○ 2 ○ 3 ○ 4 ○ 5 ○ 6 ○ 7 完全符合

11. 信息的推荐人在电子商务平台上通常有很多粉丝。

完全不符合○ 1 ○ 2 ○ 3 ○ 4 ○ 5 ○ 6 ○ 7 完全符合

12. 推荐人熟悉他所推荐商品或服务的相关知识。

完全不符合○ 1 ○ 2 ○ 3 ○ 4 ○ 5 ○ 6 ○ 7 完全符合

13. 推荐人是此类商品的行家。

完全不符合○ 1 ○ 2 ○ 3 ○ 4 ○ 5 ○ 6 ○ 7 完全符合

14. 推荐人对此类商品或服务有丰富的购买使用经验。

完全不符合○ 1 ○ 2 ○ 3 ○ 4 ○ 5 ○ 6 ○ 7 完全符合

15. 他人所推荐的具有生动活泼图片的商品对我有重要影响。

完全不符合○ 1 ○ 2 ○ 3 ○ 4 ○ 5 ○ 6 ○ 7 完全符合

16. 有直观且准确的音频、视频解说的商品或服务对我有重要影响。

完全不符合○ 1 ○ 2 ○ 3 ○ 4 ○ 5 ○ 6 ○ 7 完全符合

17. 可以看到他人购买商品后的评论或反馈的商品或服务对我有重要影响。

完全不符合○ 1　○ 2　○ 3　○ 4　○ 5　○ 6　○ 7 完全符合

18. 我不担心信息推荐者推荐的商品和服务有质量问题。

完全不符合○ 1　○ 2　○ 3　○ 4　○ 5　○ 6　○ 7 完全符合

19. 信息推荐者推荐商品和服务能符合我的期望。

完全不符合○ 1　○ 2　○ 3　○ 4　○ 5　○ 6　○ 7 完全符合

20. 信息推荐者是为我着想的，而不是为了其他利益。

完全不符合○ 1　○ 2　○ 3　○ 4　○ 5　○ 6　○ 7 完全符合

21. 信息推荐者是善意的。

完全不符合○ 1　○ 2　○ 3　○ 4　○ 5　○ 6　○ 7 完全符合

22. 我觉得信息推荐者推荐的商品和服务能满足我的实际需要。

完全不符合○ 1　○ 2　○ 3　○ 4　○ 5　○ 6　○ 7 完全符合

23. 我觉得信息推荐者有丰富的知识和能力完成此次推荐。

完全不符合○ 1　○ 2　○ 3　○ 4　○ 5　○ 6　○ 7 完全符合

24. 我有想购买信息推荐者推荐商品和服务的冲动。

完全不符合○ 1　○ 2　○ 3　○ 4　○ 5　○ 6　○ 7 完全符合

25. 我十分乐意信赖信息推荐者为我推荐商品和服务，从而帮助我做出购买决策。

完全不符合○ 1　○ 2　○ 3　○ 4　○ 5　○ 6　○ 7 完全符合

26. 该人的推荐对我的购买商品或服务有重要作用。

完全不符合○ 1　○ 2　○ 3　○ 4　○ 5　○ 6　○ 7 完全符合

问卷到此结束，感谢您的支持。

参考文献

[1] 毕继东．负面网络口碑对消费者行为意愿的影响研究［D］．山东大学，2010.

[2] 朱长春，李娜．微博营销的企业应用及模式研究［J］．北华大学学报（社会科学版），2012，13（05）：58－60.

[3] 朱玉如．口碑传播在社交化电子商务网站中的应用分析［J］．今传媒，2014，22（02）：121－122.

[4] 朱小栋，陈洁．我国社交化电子商务研究综述［J］．现代情报，2016，36（01）：172－177.

[5] 周璇．社交媒体时代网络互动对购买意愿的影响研究［D］．上海工程技术大学，2015.

[6] 周凯，徐理文．基于5T理论视角下的企业微博营销策略及应用分析——以欧莱雅的微博营销为个案研究［J］．图书与情报，2012（05）：120－127.

[7] 中国互联网调查社区．关于微信添加好友习惯的小调查［OL］．http：//h. cnnicresearch. cn.

[8] 中国互联网络信息中心（CNNIC）．中国互联网络发展状况统计报告［R］. 2017，01.

[9] 郑亚琴，郭琪．微博营销对企业品牌传播的影响［J］．吉林工商学院学报，2011，27（04）：27－31.

[10] 郑思远．微信营销模式分析［D］．吉林大学，2016.

[11] 赵凌云．面向服务的消费者行为分析及推荐模型研究［D］．山东师范大学，2014.

［12］张正阳．互联网中人际信任关系的建立过程［D］．天津师范大学，2013.

［13］张妍．社区型女性时尚分享网站广告营销生态圈研究［D］．西南大学，2014.

［14］张晓雯，陈岩．社会化电子商务对消费者购买意愿影响的概念模型构建［J］．现代商业，2015（27）：38－39.

［15］张怀涛，秦柯，崔波．电子商务运作中的网络信息安全问题研究［J］．情报科学，2003（03）：300－305.

［16］张冠男．微信诈骗犯罪的类型及侦防对策研究［J］．湖南警察学院学报，2016，28（04）：96－101.

［17］袁翊菡，庄帅．美丽说 VS 蘑菇街　从镜像复制到分裂［J］．商界（评论），2015（03）：25－26.

［18］殷晓虎．电子商务的安全问题及对策研究［D］．西安科技大学，2006.

［19］杨玉洁．社交网络属性对电子商务消费者信任的影响分析［J］．商业时代，2014（25）：67－69.

［20］杨瑞仙，张梦君．微信用户风险感知因素研究［J］．现代情报，2016，36（05）：94－97＋103.

［21］杨秋晓．电商与社交媒体的大数据交集［J］．广告大观（综合版），2013（10）：69－70.

［22］杨立．微商崛起朋友圈 80 后、90 后卖家谁是赢家？［DB/OL］．http：//www.ebrun.com/20151211/158668.shtml，2015－12－11.

［23］闫利平，王彩平．亟需被保护的个人信息——从 12306 网站用户数据泄露说起［J］．人民公仆，2015（05）：65－69.

［24］徐孟晓，王旭．消费体验对大学生购买意愿影响的实证分析［J］．云南财经大学学报（社会科学版），2009，24（02）：111－113.

［25］邢倩．微商营销问题的对策探讨［J］．科技经济导刊，2017（15）：191.

［26］汪文波．社交类虚拟社群信任对消费者网购意愿的影响研究［D］．华南理工大学，2016.

［27］唐玮璘．基于豆瓣网的社交化平台电商发展趋势［J］．现代商贸工业，2014，26（10）：172－173.

［28］苏落．解剖"社交电商"［J］．成功营销，2014（01）：82－87.

［29］宋扬，张继帅．基于微信的社交电商问题与对策研究［J］．电子商务，2018（07）：29－30.

［30］全国工商、市场监管部门网络市场监管专业型人才培训班课题组．基于微信的移动社交化电子商务初探［N］．中国工商报，2015.08.25（003）.

［31］邱均平，李艳红．社交网络中用户隐私安全问题探究［J］．情报资料工作，2012（06）：34－38.

［32］钱颖盈．跨境电子商务下国际税收法律问题研究［D］．华东政法大学，2017.

［33］蒲开今．美国 Facebook 网站的核心竞争力分析及借鉴［J］．今传媒，2009（04）：89－91.

［34］彭琴．自媒体环境下体育企业微营销的可行性及对策研究［A］．北京大学．体育社会学与社会变革中的挑战——2014 年世界体育社会学大会暨中国体育社会科学年会论文集［C］．北京大学：北京大学体育教研部，2014：4.

［35］裴涛．新时代下的金融社交［D］．上海交通大学，2014.

［36］潘汉忠．感知风险视角下关系质量对消费者交叉购买意向影响研究［D］．重庆工商大学，2013.

［37］马凌，邢芸，陈昊天．我国社会化电子商务发展现状与趋势分析［J］．现代商贸工业，2014，26（05）：167－168.

［38］陆佳涣，金镇，李晶，蔡晓雪，杭程，冯子书．微店发展的理论基础与应用对策研究［J］．电子商务，2016（04）：21－23.

［39］林岚．微信支付带来的移动支付时代［J］．今传媒，2015，23

(02): 106－107.

[40] 梁循, 朱浩然, 林航, 张海燕, 余力, 王明明, 李启东. 基于社会计算的社会化商务模式创新 [J]. 电子商务, 2013 (06): 20－23.

[41] 梁强, 林丹明, 马靖楠. 制度压力、高管团队支持和 ERP 应用——来自中国的经验研究 [J]. 汕头大学学报 (人文社会科学版), 2013, 29 (04): 53－61＋95.

[42] 李晓锋. 汽配行业跨境小额电子商务运作模式研究 [D]. 广东财经大学, 2014.

[43] 李万祥. 微商火起来, 更要管起来 [N]. 经济日报. 2015. 11. 02.

[44] 李洁娜. 社会化电子商务模式探析——基于用户信息行为理论 [J]. 中山大学研究生学刊 (社会科学版), 2014, 35 (01): 63－72.

[45] 李蓓. 博物馆社会价值在即时通讯应用平台的实现方式——以微信为主要分析对象 [A]. 中国博物馆协会博物馆学专业委员会 2016 年 "博物馆的社会价值研究" 学术研讨会论文集 [C]. 中国博物馆协会博物馆学专业委员会, 2016: 5.

[46] 靳磊磊. 探究网络自媒体节目传播特色——以《罗辑思维》为例 [J]. 今传媒, 2014, 22 (12): 94－96.

[47] 金雅芳. 信任乃微商成功之本 [J]. 中国电信业, 2015 (08): 22－25.

[48] 蒋隽怡. 社交电子商务商业模式研究 [D]. 上海交通大学, 2013.

[49] 郭好. 浅析我国社会化电子商务赢利模式 [J]. 中外企业家, 2012 (07): 72－73.

[50] 郭辰希. 微商文化发展策略研究 [J]. 统计与管理, 2015 (02): 68－69.

[51] 耿荣娜. 社会化电子商务用户信息采纳过程及影响因素研究 [D]. 吉林大学, 2017.

[52] 丁献峰，杨九龙．基于 Facebook 的国外图书馆创新服务实证研究 [J]．大学图书馆学报，2012，30（05）：23－27.

[53] 邓仲华，张颂，李志芳，陆颖隽．信息资源云与知识服务 [J]．信息资源管理学报，2012，2（02）：4－9.

[54] 陈志芳．基于 PKI 的电子商务中身份认证的研究 [D]．武汉理工大学，2006.

[55] 陈洋．社会化电子商务用户推荐对消费者购买意愿的影响研究 [D]．北京邮电大学，2013.

[56] 陈凯．腾讯：以微信落下金融布局关键棋 [J]．经理人，2014（03）．

[57] 艾瑞网．2017 中国移动电商行业研究报告 [R]．2017，2.

[58] Yaobin Lu, LingZhao, Bin Wang. From virtual community members to C2C e－commerce buyers: Trust in virtual communities and its effect on consumers' purchase intention [J]. Electronic Commerce Research and Applications. 2010, 9 (4): 346－360.

[59] SV Shankar, GL Urban, F Sultan. Online trust: a stakeholder perspective, concepts, implications, and future directions [J]. Journal of Strategic Information Systems. 2002, 11 (3－4): 325－344.

[60] Smith, J. Brock. Buyer-Seller relationships: Similarity, relationship management, and quality [J]. Psychology & Marketing, 1998, 15.

[61] Rotter, B. Julian. Interpersonal trust, trust worthiness and gullibility [J]. American Psychology. 1980, (35): 1－17.

[62] Rong, Sam. DIGITALIN. 2017 [OL]. (2017－2－27) [2017－3－6]. http: //wearesocial. cn.

[63] RC Mayer, JH Davis, FD Schoorman. An integrative model of organizational trust [J]. Academy of Management Review. 1995, 20 (3): 709－734.

[64] R. M. Morgan, Hunt. The community trust theory of relationship mar-

keting [J] . Journal of marketing. 1994, 58 (3): 20 –38.

[65] Q. Chen, S. Rogers. Development of instrument to measure website personality [J] . Journal of Interactive Advertising. 2006, 7 (1): 47 –64.

[66] Niklas Aldin, Per – Olof Brehmer, Anders Johansson, Business development with electronic commerce: refinement and repositioning [J], Business Process Management Journal, 2004, (10): 400 –419.

[67] Nash, J. Equilibrium Points in N – Person Games, Proc [J] . of the National Academy of Sciences, 2014, Vol. 36.

[68] Morgan R M, Hunt S D. The Commitment – Trust Theory of Relationship Marketing [J] . Journal of Marketing , 1994, 58 (3): 20 –38.

[69] Martin Holzwarth, Chris Janiszewski, M. Marcus. The Influence of Avatars on Online Consumer Shopping Behavior [J] . Journal of Marketing. 2006, 1 (70): 19 –36.

[70] M. C. Gilly, J. Graham. A Dyadic Study of Interpersonal Information Search [J] . Journal of Academy of Marketing Science. 1998, 26 (2): 83 – 100.

[71] Lee H Y, Ahn H. The Role of Trust in the Adoption of Mobile Commerce: Comparison to the Adoption of E – Commerce [J] . Journal of Convergence Information Technology, 2013: 136 – 138.

[72] King, W. R. , and Malhotra, Y. Developing a framework for analyzing IS sourcing [J] . Information & Management. 2013: 28 –29.

[73] Julia Y. Lee. Trust and Social Commerce [J] . University of Pittsburgh Law Review. 2016, 77 (2) .

[74] JK Frenzen, HL Davis. Purchasing Behavior in Embedded Market [J] . Journal of Consumer Research. 1987, 3 (14): 350 –362.

[75] Jing Wu. Internal Audit and Review of the Negative Customer Behavior [J] . Journal of Service Science and Management, 2015, (8): 578 –587.

[76] Jane K. Winn. Social networks and electronic commerce in China [J] . Global Economic Review, 2002, (2): 79 –82.

[77] H. S. Bansal , P. A. Voyer. Word - of - mouth processes within a services purchase decision context [J] . Journal of Service Research. 2000, 3 (2): 166 - 177.

[78] Granovetter M. The Strength of Weak Ties: A Network Theory Revisited [J] . Sociological Theory, 1983, 1 (6): 201 - 233.

[79] FD Davis, RP Bagozzi, PR Warshaw. User Acceptance of Computer Technology: A Comparison of Two Theoretical Models [J] . Management Science. 1989, 35 (8): 982 - 1003.

[80] Erlikh, L. Leveraging legacy system Dollars for e - business [J] . IT Professional, 2014, May/June, 17 - 23.

[81] DH Mcknight, NL Chervany. What trust means in e - commerce customer relationships: An interdisciplinary conceptual typology [J] . International Journal of Electronic Commerce. 2002, 06 (2): 35 - 39.

[82] Davis F D. A Technology Acceptance Model for Empirically Testing New End - User Information Systems [J] . Mit Sloan School of Management, 1985: 233 - 250.

[83] Ajzen I, Fishbein M. Attitudes and normative beliefs as factors influencing behavioral intentions. [J] . Journal of Personality & Social Psychology, 1972, 21 (1): 1 - 9.